Marge Askinforit

Barry Douleur

Writat

Cette édition parue en 2024

ISBN : 9789359942377

Publié par
Writat
email : info@writat.com

Contenu

Note de l'Auteur

Ce livre a été suggéré par la lecture de quelques extraits de l'autobiographie d'une dame brillante qui avait beaucoup à nous dire sur nombre de personnes intéressantes. Il y avait une qualité dans cette autobiographie qui semblait exiger la parodie, et sans aucun doute l'autobiographe qui ne peut pas attendre la postérité et la perspective pardonnera une petite distorsion contemporaine.

En ajoutant mon humble couronne aux flatteries - dans leur forme la plus sincère - qu'elle a déjà reçues, je voudrais souligner qu'une parodie d'autobiographie ne doit pas être une caricature des personnes biographiées - dont certaines doivent déjà avoir assez souffert . J'ai considérablement abaissé la clé sociale de l'original, non seulement pour le mettre à la portée de l'exécutant, mais aussi pour faire une distinction. J'ai augmenté l'éloignement de la vie réelle – qui était parfois appréciable dans l'original – à tel point qu'il devrait être impossible de supposer qu'un quelconque des grotesques de la parodie soit destiné à quelqu'un dans la vie réelle. Personne dans la parodie n'est destiné à être une représentation, ou même une fausse représentation, d'une personne réelle, vivante ou décédée. Par exemple, Inmemorison n'est pas destiné à être une caricature de Tennyson, mais le passage qui traite de lui est destiné à parodier certaines des choses qui ont été écrites sur Tennyson.

Sans doute l'auteur de l'original a ouvert au public plusieurs portes par lesquelles il n'est pas concevable qu'un parodiste veuille la suivre. En dehors de cela, la parodie doit être brève, tout comme l'autobiographie doit être longue : *ars brevis, vita longa* .

Barry Douleur .
octobre 1920.

Les citations sont tirées d'articles parus dans le « Sunday Times ». Il ne s'ensuit évidemment pas que ces passages apparaîtront sous la même forme, ou apparaîtront pas du tout, lorsque l'autobiographie complète sera publiée.

Premier extrait

LA FAMILLE CATASTROPHIQUE

J'ai été baptisée Margarine, bien sûr, mais dans mon entourage, j'ai toujours été connue sous le nom de Marge. Le nom est, m'a-t-on appris, dérivé du mot latin *margo* , qui signifie la limite. J'ai toujours essayé d'être à la hauteur.

famille très nombreuse et je ne trouve de place pour les détails biographiques que de quelques-uns des plus importants. Je dois garder de la place pour moi.

Ma sœur aînée, Casein – Casey, comme nous l'appelions toujours – était censée me ressembler le plus et elle était moins réticente qu'on aurait pu s'y attendre. Je ne me suis jamais trompé moi-même quant à savoir lequel était lequel. Je n'avais pas ses beaux yeux brillants, mais elle n'avait pas non plus ma merveilleuse joue. Elle n'avait pas mon intelligence. Elle n'avait pas non plus mon don inestimable pour exprimer une opinion personnelle sans importance comme s'il s'agissait du verdict final de la postérité avec la casquette noire. Nous étions dévoués l'un à l'autre, et bien des fois j'ai dû ma place de femme de chambre temporaire dans une famille sans méfiance à l'excellent personnage qu'elle m'avait écrit.

Elle épousa Moses Morgenstein , un sujet britannique naturalisé, qui montra son amour pour son pays d'adoption en faisant du commerce sous le nom de Stanley Harcourt. Il était un personnage saisissant avec ses cheveux et ses ongles noir comme du charbon, ses cils et sa lèvre inférieure tombants, et la descente vers le bas de son nez invitant. La guerre l'a trouvé brûlant d'enthousiasme, et je donne ici un vers d'un beau poème qu'il a écrit et, si je m'en souviens, récité dans le livre de Mme Mopworth. *salon* :

Je tes à Luntun depuis trois ans,
En dis lant je tiens tellement à déchirer,
Inklant , mon Inklant !
Avec sa puissance autoritaire
Si elle va se battre dans le combat,
M. Morgenstein tout ira bien
... *Nicht ?* —
Inklant , le mien !

C'était un homme aux talents divers, et je regrettais qu'il donne à la triperie ce qui est destiné aux muses. Hélas, il fut, bien qu'indirectement, l'une des nombreuses victimes de la Grande Guerre. Son plan pour dissimuler les profits excédentaires était élaboré et ingénieux, et mis en pratique avec assiduité. Son esprit simple ne pouvait pas comprendre que l'honnêteté élémentaire était en train de se modifier. « Votez - moi pour moi-même, qu'est-ce que je garde , *n'est-ce pas ?* » me disait-il souvent. Et puis le coup est tombé.

Il a cependant obtenu la plus grande remise de peine à laquelle une bonne conduite pourrait lui donner droit, et nous espérons qu'il sera de nouveau absent d'ici Noël.

Ma sœur suivante, Saccharine, était d'une beauté vaporeuse et prismatique qui témoignait suffisamment de son origine Cohltar – notre mère, bien sûr, était une Cohltar . Je n'ai jamais pensé que son esprit était égal au mien. En effet, au moment de mettre sous presse, je n'ai pas encore rencontré l'esprit que je pensais égal au mien. Mais sa beauté ne faisait aucun doute. À cette époque – je parle des années 90 – c'était un événement tout à fait ordinaire que ma sœur, par inadvertance, braque un omnibus. Les chevaux s'arrêtèrent dès qu'ils la virent et refusèrent de bouger jusqu'à ce qu'ils aient bu à leur faim son étonnante beauté. Je me souviens très bien d'une occasion où les chevaux d'un omnibus de West Kensington l'ont rencontrée à Piccadilly Circus et ont refusé de la quitter jusqu'à ce qu'elle atteigne Highgate, malgré le fouet du conducteur, les blasphèmes du conducteur, les plaintes plus formelles du conducteur. passagers et intervention directe de la police.

C'était une fille adorable à l'époque et je l'aimais. Je n'ai jamais eu de sentiments de jalousie. Comment quelqu'un qui est définitivement assuré de sa supériorité sur tout le monde peut-il être jaloux de qui que ce soit ?

Elle épousa un Russe, Alexis Chopitoff . Il était un artiste parfait dans son propre médium, qui se trouvait être les cheveux. C'est à lui que je dois ce qui est ma seule beauté, et on m'assure qu'elle est indétectable. À une époque, les plus grands prix de la vie semblaient être à sa portée. Pendant la guerre, son habileté à rendre la *chevelure* de pianistes réputés apte au service militaire a attiré l'attention officielle, et s'il avait été nommé OBE, cela n'aurait surpris aucun d'entre nous. Malheureusement, son intérêt pour les affaires politiques de son propre pays le conduisit à annexer à Waterloo une dépêche qui, pédantiquement parlant, ne lui appartenait pas. Malheureusement, l'étui contenait un diadème en diamant, ce qui a donné lieu à des malentendus. Rien n'aurait pu surpasser le courage de la chère Saccharine lorsqu'elle apprit qu'à la fin de sa peine il allait être expulsé.

"Cela me laissera", a-t-elle déclaré avec un calme parfait et dans des mots devenus historiques, "dans une position de plus grande liberté et moins de responsabilités".

Mais je savais à quel point elle était proche de la dépression nerveuse. En effet, la dépression nerveuse fut sa défense réussie lorsque, une semaine plus tard, elle fut arrêtée chez Whiteridge avec une boîte de sardines, deux gâteaux de savon de toilette super-crème et un exemplaire relié de « L'année chrétienne » de Keble dans son manchon. La méchanceté et l'animosité dont Whiteridge a fait preuve dans l'accusation ne sont qu'en partie excusées par le fait que la chère Saccharine avait pincé le manchon en premier.

Une autre sœur, Chlorine, est devenue plus tard connue comme médium. Elle communiquait avec l'au-delà, ou du moins prétendait le faire, par téléphone sans fil. Avant, c'était plutôt bizarre de l'entendre appeler « Géhenne, 1 double 7, 6 ». Je ne doute pas qu'elle aurait convaincu un physicien célèbre qui, curieusement, est faible en faits, ou un écrivain de romans policiers qui, curieusement, est également faible en imagination. Je suis désolé de dire qu'elle ne me donnera jamais le gagnant du prochain Derby, et je ne me souviens pas non plus qu'elle ait jamais utilisé cette information spéciale et exclusive à son propre bénéfice. Mais, comme les autres médiums, elle pouvait toujours donner une raison plausible pour éviter tout test qui en était réellement un ; et maintenant qu'elle a doublé ses honoraires à cause de l'augmentation du coût de la main d'œuvre et des matériaux, elle devrait s'en sortir très bien, surtout après le coup de pouce amical que je viens de lui donner.

Puis il y a eu le méthyle – c'est l'ancienne forme anglo-saxonne d'Ethel. C'était une enfant charmante et elle étudiait profondément l'histoire naturelle. Je me souviens qu'elle m'avait dit lors d'une réception où les rafraîchissements avaient été quelque peu restreints : « Un cocktail ne fait pas une hirondelle. » La biologie moderne a, je crois, confirmé cette observation. Elle passait une grande partie de son temps au zoo et on pensait que ce serait un avantage si elle pouvait y résider de manière permanente. Mais même si son visage ressemblait à celui d'un flamant rose et que j'avais quelque intérêt pour l'homme qui fournit le poisson aux lions de mer, aucune cage vacante n'a pu être trouvée. Une offre pour qu'elle en partage un avec le casoar - *missionara Timbuctana* — a été refusée.

Je dois maintenant parler d'une autre sœur, Caramel, même si je le fais avec tristesse. Cependant, il y a un squelette dans chaque pli, je veux dire un mouton noir dans chaque armoire. Elle était indéniablement belle et avait un visage de carte postale romantique. Sa silhouette était parfaite. Son intelligence était C 3. Dans un moment de faiblesse, elle accepta un rôle de réflexion dans une revue de la « Frivolité », et sa carrière se termina, comme on pouvait s'y attendre, dans une *mésalliance choquante* . Elle a épousé le marquis de Beanstrite et est apparue plus d'une fois en dernière page du « Daily Mail », mais ce n'est pas tout. Elle ne me voit plus jamais, et cela me fait monter les larmes aux yeux quand je pense à ce qui lui manque.

Mes frères étaient tous sportifs, mais ils étaient rarement à la maison. Ils semblaient se sentir recherchés ailleurs, et c'était généralement le cas. Demandez à n'importe quel policier du district de Kentish Town en mentionnant mon nom et il vous le dira.

Nous étions soixante-treize en tout, dont quatre-vingt-quatre ont survécu, moi y compris. Et pourtant, mon cher papa semble parfois un peu irritable, je me demande pourquoi.

Ma maman était très différente de mon papa. Ils n'étaient même pas du même sexe. Mais cela arrive si souvent, vous ne trouvez pas ?

Mon père avait une curieuse envie de donner à tous ses fils le nom des vainqueurs ultérieurs du Derby. Sans doute dira-t-on que cela n'est pas toujours pratique ; ce n'est pas non plus le cas : le Derby est parfois remporté par un gee-gee du sexe que j'ai moi-même adopté, et dans ces cas-là, le nom ne convient pas à un garçon. Mais si cela pouvait être généralisé, cela exclurait absolument tout pari sur l'une de nos courses classiques ; cela empêcherait probablement également la course. Après tout, il faut être moral dans les intervalles et récupérer les ouvrières à l'heure du dîner. Mais je crains que cela n'arrive jamais : si peu d'hommes ont la merveilleuse prévoyance de mon cher papa.

Spearmint, mon frère aîné survivant, a été fortement influencé par Alexis Chopitoff et est entré dans le même métier. Simple et sans prétention, personne n'aurait imaginé qu'en un an il avait soutenu le vainqueur de toutes les principales courses. Mais tel était véritablement le cas.

« Il n'y a rien dedans, Marge », m'a-t-il dit un soir. « Il n'y a qu'un seul moyen sûr de gagner : récupérer chaque cheval participant à la course avec l'argent d'un autre. Je raconte à un client que je rasais un entraîneur bien connu ce matin-là et que l'entraîneur m'avait donné une certitude ; tout ce que je demande, c'est que le client me mette une demi-couronne. Je répète le processus en changeant le nom de la certitude jusqu'à ce que tous les risques soient couverts. Je sais que c'est démodé, mais j'aime ça. Cela n'exige rien d'autre que de la patience, et cela ne peut pas mal se passer.

Mais ça s'est mal passé. Il racontait comment le célèbre entraîneur lui avait donné la certitude d'avoir un nouveau client que Spearmint n'avait jamais rasé auparavant. Par une coïncidence désastreuse, le nouveau client était en réalité cet entraîneur bien connu. Il semblait penser que Spearmint avait pris une liberté avec son nom, et même lui en vouloir.

Spearmint n'a pas perdu la vue de l'œil gauche, comme on le craignait autrefois, mais son apparence n'a plus jamais été tout à fait la même depuis que son nez s'est cassé.

Mon frère suivant, Orby, est né en 1870. Il pouvait faire les choses les plus gracieuses et les plus charmantes. Lorsque son homonyme remporta le Derby en 1907, il acquit immédiatement un accent irlandais complémentaire et l'employa dans la narration d'histoires humoristiques. Un accent acquis à trente-sept ans risque peut-être de manquer de conviction, et j'ai toujours pensé que mon frère était trop scrupuleux en commençant chaque phrase par le mot « Bedad ». Comme moi, il ne savait tout simplement pas ce qu'était la peur et, par conséquent, il racontait ses histoires irlandaises avec son propre accent irlandais à un véritable Irlandais. Cependant, maintenant qu'il a ses nouvelles dents, vous ne saurez jamais qu'il a été touché. Il a été dit de lui par une grande autorité judiciaire – je ne sais plus dans quel tribunal de police – qu'il avait les meilleures manières et le moins d'honnêteté de tous les chauffeurs de taxi du rang de Knightsbridge.

Un autre frère, Sunstar, a acquis une réputation considérable grâce à son talent pour les tours de passe-passe. Si vous lui prêtiez une montre ou une pièce de monnaie, d'un tour de main il la ferait disparaître ; il pourrait faire la même chose alors que vous ne l'aviez pas prêté. Il pouvait faire disparaître tout ce qui n'était pas absolument vissé au sol, et dans les cabarets où il était connu, l'étain dans lequel il buvait était toujours enchaîné au bar. Il avait quelque chose de ma nature chimérique et aurait probablement accepté le reste s'il l'avait voulu. Un jour, à Ascot, il fit disparaître la montre d'un inconnu. Lorsqu'il vint examiner sa propriété nouvellement acquise, il fut déçu de constater que la montre était une Everbright américaine de quatre pence - " Vous vous trompez, jour et nuit." Il était sur le point de la jeter, quand l'aimable pensée lui vint que peut-être l'inconnu attachait à cette montre quelque valeur sentimentale ; en fait, il ne semblait y avoir aucune autre raison possible de le porter. Sunstar a décidé de remplacer la montre dans la poche de l'étranger. Il a fait de son mieux, mais il était beaucoup plus habitué à retirer qu'à remplacer. L'étranger – une brute imposante et lâche – a attrapé mon frère la main dans la poche et n'a pas réussi à comprendre l'altruisme de ses motivations, et c'est pourquoi le pauvre Sunnie marche un peu boiteux.

Il n'est pas parmi nous actuellement. Il a fait disparaître pas mal de choses, et un monde censuré est toujours enclin à juger sur les disparitions. Il devenait opportun – et même nécessaire – que mon frère se fasse disparaître, et il l'a fait.

Le Deuxième Extrait, comme on dit sur le film, suivra immédiatement.

Deuxième extrait

UNE JEUNESSE BOUILLANTE

J'ai étudié les belles pages de l'autobiographie de mon Grand Exemple – ci-après appelé le GE. C'est merveilleux d'être admis dans le cercle des élus, semaine après semaine, au bas tarif de deux pence la fois. Eh bien, j'ai payé plus pour voir les photos.

Vu le prix, il ne faut pas se plaindre. La GE dit dans un extrait qu'elle a perdu toutes ses amies, à l'exception de quatre. Dans un extrait ultérieur, elle nomme six femmes dont l'amitié lui est restée aimante et fidèle depuis son enfance. Elle parle d'une strophe de quatre vers comme d'un distique. Elle impute une « tirade blasphématoire » à un grand homme de science qui n'en a certainement jamais prononcé. Elle dit avoir eu une conversation avec Lord Salisbury au sujet de la controverse fiscale, à laquelle il n'a pas pris part, l'année après sa mort. Mais pourquoi faire toute une histoire pour des petites choses comme celle-là ? Si vous écrivez au lit au rythme de mille mots par heure, des accidents se produiront sûrement.

Mais il y a juste une phrase du GE qui m'inquiète et qui m'empêche de dormir la nuit. Le voici, lisez-le attentivement :

«Je portais des jupes en tweed les plus courtes, des culottes de la même étoffe, des bottes, un manteau et un foulard coloré autour de la tête.»

Et tout cela est très joli aussi, sans aucun doute. Mais considérez le terrible problème que cela implique.

Elle ne dit pas que la jupe et la culotte étaient faites *du même genre d' étoffe* . Si elle l'avait fait, j'aurais pu le comprendre, et ma délicatesse naturelle m'aurait toujours retenu de la moindre allusion à ce sujet.

Ce qu'elle dit, c'est que la jupe et la culotte étaient faites *de la même étoffe* . C'est très différent et cela entraîne d'affreuses complications.

Premièrement, cela doit signifier que les culottes ont été confectionnées à partir de la jupe. Eh bien, il se peut qu'il y ait eu un surplus de tissu provenant de cette écharpe colorée , et ce n'est pas à moi de le dire. Mais, deuxièmement, cela doit aussi signifier que la jupe a été confectionnée à partir de culottes. Oh, au secours !

Non, je refuse catégoriquement. Je ne dirai pas un autre mot. Il y a des limites. Seul un théologien abstrus, ayant un goût pour les subtilités les plus obscures des hérésies obscures, pourrait y rendre justice.

Tout change, s'il vous plaît. Le prochain point au programme sera un récit succinct de mon enfance bouillonnante.

Je ne peux pas dire que j'ai adoré le Warren, ma maison ancestrale. Les voisins l'appelaient le Warren, mais je ne comprends pas pourquoi. Le bureau de poste a déclaré que c'était le n° 4, Catley Mews, Kentish Town, et cher papa, qui avait toujours le *mot juste* — on disait parfois que c'était l'enfer.

Nous étions une famille pleine d'entrain, avec des personnalités nettes, des voix pénétrantes, un tempérament colérique, une tension nerveuse élevée et de petits pieds. N'aimerais-tu pas être comme ça ?

Il n'y avait tout de même que les quatre pièces au-dessus de l'écurie. Parfois nous étions quinze ou seize à la maison, plus le locataire — je parlerai de lui tout à l'heure. Et quand on a cinq querelles personnelles, bébé, la lessive familiale, une machine à coudre, trois orgues à bouche, du bacon frit et une sérieuse dispute politique qui se déroulent simultanément dans un établissement restreint, il faut que quelque chose se passe. En règle générale, mon cher papa y allait. Il se dirigerait vers Regent's Park et trouverait le repos dans le calme d'antan de la maison des perroquets du zoo.

Mais il y a toujours de la place au sommet – c'est une conviction sur laquelle j'ai toujours agi. Quand je me sentais trop à l'étroit et étouffé dans l'atmosphère du Warren, je grimpais sur le toit. Là, sans rien d'autre que ma chemise de nuit, mes chaussures de tennis et le clair de lune, je dansais frénétiquement. Les tuiles se détachaient sous mon pas arachnéen et, accompagnées de sections de gouttières, se déplaçaient dans la rue en contrebas et heurtaient toutes sortes de choses amusantes. J'imagine que certaines des choses amusantes se sont plaintes. Je sais que la police a appelé, et il me semble me souvenir d'une lettre plutôt méchante de l'agent du propriétaire. J'ai eu une longue entrevue avec maman à ce sujet. Elle a souligné que si je glissais et tombais , je ferais probablement une vilaine entaille dans le trottoir, et avec beaucoup de larmes, j'ai promis d'abandonner cette pratique.

J'avais l'habitude de rouler sur le Heath quand j'en avais l'occasion, mais je ne peux pas prétendre que j'étais à la hauteur du GE. Je ne pense pas avoir jamais monté un escalier. Je n'ai certainement jamais jeté mon cheval sur le sol en marbre du hall du Warren. Il y avait plusieurs raisons à cela. Premièrement, le Warren n'avait pas de salle, et s'il avait eu une salle, celle-ci n'aurait pas eu de sol en marbre. Deuxièmement, les chevaux que je montais étaient susceptibles d'être à nouveau recherchés, étant en fait les poneys que des commerçants sans méfiance élevaient à Catley Mews. Bogey Nutter s'occupait d'eux et je pouvais toujours faire ce que je voulais avec Bogey. Il était peut-être le proposant le plus abondant que j'aie jamais rencontré. À une époque, il me proposait toujours une fois par jour et deux fois les jours fériés. J'étais une créature tellement fringante et attirante, quoi ?

Quant à mon éducation, cela dépend en grande partie de ce que l'on entend par éducation. Celles qui étaient distribuées à la louche au sein du conseil départemental m'avaient fait peu d'effet. Mais j'étais assez doué avec les chiffres, et je savais qu'un investissement d'une demi-couronne à onze heures moins huit me rapporterait un bénéfice de trois et cinq, à condition que le cheval gagne et que l'homme de la poissonnerie du coin paie. en haut. Mon frère Lemberg avait le même talent. S'il achetait un paquet de cigarettes et payait avec un billet de dix shillings, il pouvait toujours négocier la monnaie pour gagner neuf pence et se faire jeter les cigarettes. Sa seule erreur était d'essayer de le faire deux fois dans le même magasin. , mais la cicatrice sur son œil droit est à peine visible maintenant. De toute façon, ce n'était pas la chose avec laquelle il aurait pu le frapper avec une boîte de tabac aux coins pointus.

À des fins autobiographiques, traitez toujours une déficience comme s'il s'agissait d'un cadeau. La GE était apparemment nulle en arithmétique, mais elle vous le dit d'une manière qui vous fait l'admirer pour cela. J'aurais quand même aimé être une de ces ouvrières qu'elle réclamait à l'heure du dîner ; Je suis fondamentalement honnête, mais je n'ai jamais pu rater une occasion lorsqu'elle m'était présentée.

Mon éducation en danse était irrégulière, car ce gras Italien ne faisait pas tourner son piano chaque semaine. Mais j'ai acquis suffisamment de compétences pour attirer l'attention, et c'est ça la grande chose dans la vie. L'Italien m'a offert deux pence par jour pour faire sa tournée avec lui et danser pendant qu'il tournait la poignée. J'ai dit à Signor Hokey-pokey ce que je pensais de l'offre, et j'ai un certain talent pour les langues, sinon pour les langues. Alors, comme il ne pouvait pas m'avoir, il a fait la meilleure chose et a acheté un singe.

J'étais de loin le plus spirituel de la famille. Mais mon frère Minoru allait régulièrement à la chapelle, jusqu'à ce qu'ils arrêtent de collecter les offrandes dans des assiettes ouvertes et remplacent les boîtes verrouillées par une fente. Il trouva une autre chapelle qui semblait plus prometteuse, mais il n'y fréquenta qu'une seule fois. Je considérerai toujours que le policier a été inutilement dur avec lui, car Minoru a clairement dit qu'il s'en irait tranquillement.

Mes sœurs et moi-même avions une fascination pour l'autre sexe qui était presque incroyable. À une certaine époque, nous organisions un concours de propositions chaque semaine ; chacun de nous a mis six pence, et la fille qui a reçu le plus grand nombre de propositions a remporté la cagnotte. Casey ou moi avons généralement gagné. Puis, une semaine, j'ai assisté à la fête annuelle des haricots de l' asile de Pottey pour les faibles d'esprit, et j'ai gagné avec un score de cent sept, et je pense que les autres ont dit que ce n'était pas juste. Quoi qu'il en soit, les compétitions ont été interrompues.

En réalité, la manière dont notre locataire nous a harcelés, mes sœurs et moi-même, avec son inattention absolue, est difficile à expliquer. N'importe qui aurait pu penser qu'il ne savait pas que nous étions là. Pendant que les concours de propositions étaient en cours, aucun d'entre nous n'a pensé que cela valait la peine de perdre du temps avec cet homme. Nous pourrions obtenir un meilleur rendement pour le même degré de fascination dans d'autres domaines. Ensuite, j'ai pensé que peut-être son emploi dans le commerce du lait pouvait être la cause de son extraordinaire douceur, et qu'il serait bon de lui offrir un peu d'encouragement.

Il allait habituellement se promener le dimanche matin et un dimanche, je lui ai dit que je l'accompagnerais.

« Mieux vaut ne pas le faire », dit-il. "Ça me semble être de la pluie."

"Mais tu as un parapluie", lui ai-je fait remarquer.

« Oui, » dit-il, « et lorsque deux personnes partagent un parapluie, elles en reçoivent toutes les gouttes et aucune protection. Prenez un bon livre et lisez un peu.

"Non J'ai dit. "Je viens avec toi, et même si c'est une année bissextile, je promets définitivement de ne pas te proposer."

« Eh bien, dit-il, cela fait une différence. »

J'ai mis mon bras sous le sien gaiement et confidentiellement, et il a immédiatement décroché. Nous sommes allés ensemble à Heath.

«Un chiromaniste m'a dit un jour, ai-je dit, que j'avais une attirance mystérieuse et magnétique pour les hommes.»

« Ces palmistes diront n'importe quoi », a-t-il déclaré. "C'est vraiment l'inverse."

«Peut-être», dis-je. "Je sais que j'ai une capacité illimitée d'aimer et personne ne semble en vouloir."

« Ah, dit-il, c'est dommage d'être surchargé d'un article périssable. Cela signifie s'en séparer à perte.

Que pourrais-je dire à une brute pareille ? Et je n'avais personne pour me protéger.

"J'aimerais," dis-je, "que tu regardes si j'ai une mouche dans les yeux."

«Si c'était le cas, vous le sauriez», répondit-il. "La mouche y veille."

Quelques minutes s'écoulèrent avant que je lui demande de nouer mes lacets.

Il baissa les yeux et dit que ce n'était pas défait.

Je me suis simplement retourné et je l'ai quitté, je n'allais pas rester là à me faire insulter.

Cependant, il a dû avoir honte de lui-même, car deux jours plus tard, il a sous-loué sa partie de l'étage d'une des chambres du Warren à une famille irlandaise. S'il n'avait pas honte, il avait peur.

Pourtant, curieusement, cette lâche brute a façonné mon avenir.

L'afflux de la famille irlandaise dans le Warren m'en a fait sortir. Cela m'a fait ressentir la nécessité absolue d'une sphère plus large.

En quittant la maison, j'ai accepté un poste pour une durée indéterminée dans une pension de Bayswater . Quoi qu'il en soit, mon salaire et ma nourriture étaient déterminés, mais pas mes heures de travail.

Une pension est un rassemblement de gens qui sont descendus. La propriétaire n'aurait jamais imaginé qu'elle devrait ainsi gagner sa vie, même si dès la première semaine, elle parvient à une certitude absolue. Ensuite, dans le salon, vous avez des militaires qui ont tonné, qui ont été salués, respectés et dépassés. Et personne ne peut embellir les pires vêtements. La cuisinière explique pourquoi elle n'est pas à Grosvenor Square, et le vieux serveur suisse dit qu'il a été dans des endroits où le rythme n'était pas suffisant . Si vous recherchez la dépression, essayez une pension.

J'y suis resté une semaine et j'ai ensuite dit que j'y allais. La dame a dit qu'elle connaissait la loi, mais pas moi. J'ai donc dit que je resterais et j'étais désolé que l'état de mes nerfs entraîne beaucoup de casse.

Je suis parti en fin de semaine.

Troisième extrait

Gladstone—M. Lloyd George— Inmémorison —Dr. Benger Horlick.

Après cela, j'ai eu une longue succession de situations différentes. Il est possible pour une fille d'apprendre en une semaine le travail de n'importe quelle branche du service domestique, si elle le souhaite, à l'exception du travail de cuisinière ou de femme de chambre. Mais alors, il est tout à fait possible de prendre une situation de cuisinier, et de la conserver, sans rien connaître d'appréciable au métier. Des milliers de femmes l'ont fait et le font encore. Je n'y suis jamais allée comme femme de chambre – je n'aime pas la familiarité – mais à cette exception près, j'ai joué, pour ainsi dire, de tous les instruments de l'orchestre.

J'ai acquis un excellent stock de témoignages, dont certains authentiques. Les autres étaient dus au cœur bienveillant et à l'imagination débordante de ma sœur Casey, aujourd'hui Mme Morgenstein .

J'ai rarement gardé ma place et je n'ai jamais gardé mes amis. La seule chose que je tenais était un journal. Un journal est une preuve. Donc, si vous voyez quoi que ce soit sur quelqu'un dans ces pages, vous pouvez le croire sans hésitation. Faites-le, s'il vous plaît. Vous voyez, si vous hésitez, vous ne le croirez peut-être jamais.

Je me souviens bien de la première et unique fois où j'ai rencontré Gladstone. J'étais à l'époque avec Lady Bilberry dans sa maison de Half Moon Street. C'était une femme pleine de charme et d'esprit, mais quelque peu irritable. La plupart des gens que j'ai rencontrés étaient irritables ou le sont devenus, et je ne comprends pas pourquoi. Je peux ajouter que je ne suis resté absent que pendant mon mois car on attendait trop de choses. En plus, on m'avait dit qu'il y avait un garçon pour les gros travaux et il n'y en a jamais eu.

Mais revenons à Gladstone. J'ai écrit chaque mot précieux de ma conversation avec lui à l'époque, et le lecteur enthousiaste et enthousiaste peut désormais le parcourir dans son intégralité.

GLADSTONE : Lady Bilberry à la maison ?

MARGE : Oui, monsieur.

GLADSTONE : Merci.

MARGE : Quel nom, s'il te plaît ?

Il m'a donné son nom tout simplement, sans aucune grossièreté ni facétie. Je dois dire que c'était typique de tout le caractère de cet homme. Avec une belle et minutieuse courtoisie, il ôta son chapeau – pas un très bon chapeau – en entrant dans la maison. D'après la facilité avec laquelle il le faisait, j'eus l'impression que cette pratique devait être habituelle chez lui.

La seule chose qui gâche ce précieux souvenir, c'est que ce n'était pas Gladstone dont vous parlez, ni aucun de ses proches, mais un monsieur du même nom qui avait appelé pour voir s'il pouvait intéresser Madame à un projet de récupération de certains. Trésor enfoui. Il ne resta pas longtemps et Lady Bilberry dit que j'aurais dû m'en douter.

Vers cette époque , j'ai reçu par la poste une série de vers qui ressemblent beaucoup à la vivacité sénile des vers que le véritable Gladstone adressait à mon illustre exemple d'art autobiographique. Les vers que j'ai reçus étaient anonymes et, en fait, le cachet de la poste sur l'enveloppe était Beaconsfield. Pourtant, on ne sait jamais, n'est-ce pas ?

MARGARINE.

Quand Pentonville sera fini et que viendra la libération,
Avec peut-être un an de surveillance par la police ,
Votre désir de rencontrer tous vos amis sera peut-être grand,
Mais faites une exception et ne demandez pas à Marge.

Il s'agit d'Aspasia, Pavlova, Tom Sayers, Tod Sloan,
Spinoza et Barnum, et Mme Chapone ;
Pour un type qui vient tout juste d'obtenir sa libération,
elle est un peu trop éblouissante en patchwork, c'est Marge.

Qu'à cela ne tienne, tant pis, il faut y aller doucement.
Une section par an est le maximum que vous puissiez connaître ;

Si vous étudiez toute votre vie, vous plaisanterez sur la barge
de Charon avec Marge, incroyablement diversifiée.

D'ailleurs, chaque fois que nous changeons de maison, il faut engager un pantechnicon spécial pour prendre tous les vers complémentaires qui m'ont été adressés de temps en temps. Ça doit être une sorte de quelque chose à propos de moi, tu ne penses pas ?

Je ne peux pas prétendre que j'étais dans les mêmes conditions d'amitié intime avec M. Lloyd George. Je ne lui ai parlé qu'une seule fois.

C'était quand nous étions à Downing Street. Nous étions nombreux et ce fut une soirée de patriotisme exalté et rose. J'ai levé les yeux vers la fenêtre du n°10 et j'ai dit, aussi fort que possible :

« Lloyd George ! Lloyd George !

La plupart des autres personnes dans la foule ont dit la même chose avec la même force. Puis un policier sans instruction s'est approché de moi et m'a demandé de passer, s'il vous plaît, ajoutant que M. Lloyd George n'était pas à Londres. Alors, en répondant simplement « Très bien, face », j'ai transmis avec plaisir .

Cependant, malgré tout ce qui me liait si étroitement au grand monde politique, je ne pouvais m'empêcher de ressentir les prétentions de la littérature. Je suis sensible à chaque réclamation. C'est la revendication de l'histoire, par exemple, qui me pousse à écrire mon autobiographie. Il me semble voir tout autour de moi mille arts et activités humaines réclamant mon aide et mon intérêt. Ils semblent dire « Marge, Marge, encore Marge ! » dans les mots que Goethe lui-même aurait pu utiliser. Et chaque fois que j'entends l' appel, je dois me donner.

Je doute qu'une fille se soit jamais autant trahie que moi.

Un jour de novembre, j'ai rencontré Chummie Popbright dans le quartier de Cambridge Circus. C'était un homme avec très peu *de joie de vivre* , *de ventre à terre* ou *d'esprit de corps* . Il avait les cheveux blonds, sans manières, et m'aimait beaucoup. Il occupait un poste à la Poste et était en train de vider une caisse lorsque je l'ai rencontré. J'enregistre la conversation.

CHUMMIE : Bienheureux si ce n'est pas Marge ! Et que souhaiteriez-vous comme cadeau de Noël ?

MARGE : Je veux passer environ une semaine chez le grand poète, Lord Inmemorison . Si vous souhaitez vraiment me plaire, vous userez de votre influence pour me trouver un emploi là-bas. Votre oncle étant le majordome d'Inmemorison , vous devriez pouvoir y travailler.

CHUMMIE : Peut-être. Comment irais-tu?

MARGE : N'importe quoi, mais la femme de chambre temporaire est mon point fort.

CHUMMIE : Et c'est quoi ton jeu ?

MARGE : J'en ai marre des politiciens condescendants et je veux prendre soin d'un poète. En fin de compte, Inmemorison est un véritable poète certifié.

En plus, je veux mettre quelque chose de côté pour mon autobiographie pluvieuse.

CHUMMIE : Oh, eh bien. Je vais essayer de poser un tuyau pour ça. Peut se détacher ou non.

Chummie a géré la chose à la perfection. Ma sœur Casey m'a écrit l'un des meilleurs témoignages que j'ai jamais eu, et à Noël, j'étais installé en toute sécurité pour une semaine. L'oncle de Chummie m'a traité avec la plus grande considération, et c'est à lui que je dois bon nombre des détails passionnants que je suis désormais en mesure de présenter au public haletant. Même s'il y avait dans le salon un haut paravent en cuir qui m'était parfois utile, mes possibilités d'observation directe étaient limitées.

Lord Inmemorison possédait un magnifique manoir mitoyen (comprenant une salle de bains, h. et c.) dans l'une des parties les plus sauvages et les plus isolées de Wandsworth Common. La beauté sauvage du paysage environnant se reflète dans plusieurs de ses poèmes.

Il y eut, comme il fallait s'y attendre, plusieurs dérogations aux conventions ordinaires de la maison. Le dîner était à sept heures. Le poète se couchait aussitôt après le dîner, et à dix heures ponctuelles il réapparaissait au salon et commençait à lire à haute voix ses poèmes.

La famille se couchait généralement à dix heures pile.

Je l'ai entendu lire une fois. Il y avait des visiteurs dans la maison qui souhaitaient entendre le grand homme, et il était plus de minuit avant qu'une retraite générale puisse avoir lieu. Il avait une voix d'avant-guerre riche, sonore, trop résistante, une irritabilité considérable et une jolie fille assise sur ses genoux. Le dernier élément était, bien sûr, un exemple de licence poétique

.

La jeune fille lui avait demandé de lire « Maud » et il avait accepté. Il a commencé avec une voix si basse que, dans ma position derrière l'écran, je pouvais à peine saisir les premières lignes :

« Salut à toi, esprit joyeux !
Oiseau, tu n'as jamais été... »

Il ouvrit un peu plus les gaz lorsqu'il arriva au passage :

"Sa tête était nue, ses cheveux emmêlés
étaient enfouis dans le sable."

Il a lu que la dernière phrase « était serrée dans le groupe », mais s'est immédiatement corrigé. Et la répétition poignante et obsédante des derniers vers de la strophe finale fut jouée au grand orgue :

« Et partout où Marie allait —
Et partout où Marie allait —
Et partout où Marie allait —
L'agneau irait sûrement. »

Ce fut une expérience formidable, merveilleuse pour moi, et je ne l'oublierai jamais.

J'ai parlé de son irritabilité. Ce n'est pas anormal chez un grand poète. Il doit vivre avec ses superbes nerfs sensibles tendus à un point tel qu'à tout moment quelque chose peut céder.

Par exemple, un soir, il était assis avec une jeune fille sur ses genoux et il venait de lui lire ces vers enchanteurs où il parle d'entendre le chant du coucou.

INMEMORISON (*grondant et soudain*) : Quel oiseau dit coucou ?

FILLE (*avec une agitation nerveuse extrême*) : Le lapin.

INMEMORISON : Non, imbécile, c'est le rossignol.

La jeune fille a fondu en larmes et a dit qu'elle ne jouerait plus . Je pense qu'elle avait tort. Chaque fois que j'entends une critique à mon encontre, je la prends toujours avec douceur et douceur, qu'elle soit bonne ou mauvaise – cela n'a jamais été encore le cas – et j'essaie de voir si je ne peux pas en tirer quelque chose. Ce que la fille aurait dû dire, c'était : « Maintenant, c'est à ton tour de sortir et nous trouverons une solution. »

Une autre occasion où Inmemorison était peut-être plus ennuyé, à juste titre, était lorsqu'un jeune étudiant lui demandait de lire un de ses poèmes.

"Lequel?" » dit Inmémorison .

On me dit que les trente secondes de silence absolu qui suivirent cette question parurent une éternité, et que l'agonie sur le visage du jeune homme était eschylien. Il ne connaît pas de réponse précise à la question.

"Lequel?" répéta Inmemorison , comme le son d'une grosse cloche lors des funérailles d'un jeune homme.

Le jeune homme a fait un effort sauvage et mal évalué et a raté le cadre.

« Eh bien, a-t-il déclaré, l'un de mes plus grands favoris est bien sûr « Kissingcup's Race ».

« Est-ce vraiment le cas ? » dit le poète. « Si vous tournez à gauche en sortant de la maison, la deuxième à droite vous mènera directement à la gare. »

Le jeune homme ne lui a jamais pardonné. Et c'est ainsi, m'a-t-on toujours dit, que la première Browning Society a été fondée.

C'est une rencontre avec cet étudiant – purement accidentelle de ma part – dans le jardin romantique de la maison du poète qui m'a d'abord tourné vers la ville universitaire d'Oxbridge. Je n'eus aucune difficulté à y trouver un emploi de serveuse dans un restaurant où la connaissance du métier était considérée comme moins indispensable qu'un sens de la répartie et quelque don pour maintenir à leur place les jeunes de notre grande noblesse. Il ne fallut pas longtemps avant que je fasse la connaissance d'un certain nombre d'étudiants de premier cycle. Certains d'entre eux avaient une tendance marquée à la rapidité, mais ils apprirent vite que la régulation du rythme resterait entre mes mains.

Un dimanche matin, j'avais consenti à aller me promener avec un de mes jeunes admirateurs, un gentil garçon, avec plus de culot que je n'en ai jamais rencontré chez aucun être humain, sauf moi. C'est par hasard que nous avons rencontré le doyen de son collège. Le doyen, avec une condescendance inhabituelle - pour laquelle il y avait peut-être une raison - s'arrêta pour parler à ma compagne, qui, sans la moindre hésitation, me présenta le doyen comme sa sœur.

C'était ma première rencontre avec le Dr Benger Horlick, le célèbre doyen de Belial.

Aucune occasion sociale ne m'a encore désemparé. Plus c'est difficile et dramatique, plus j'apprécie pleinement sa manipulation délicate. Je ne pouvais pas nier la relation qui avait été affirmée, sans impliquer mon jeune ami. La seule alternative était de jouer à la hauteur, et j'ai joué le jeu. La gestion parfaite des vieillards est mieux comprise par les jeunes filles.

Je lui ai dit que j'étais chez maman et lui ai mentionné un hôtel convenable, ajoutant que j'étais vraiment désolé de devoir retourner en ville cet après-midi, car j'avais commencé à aimer la paix scolaire d'Oxbridge et j'appréciais tellement l'opportunité de rencontrer ses plus grands hommes. J'étais brillant et poétique par moments, et tous les timides - si je peux utiliser l'expression - frappaient la noix de coco. Parfois, je jetais un coup d'œil à Willie, mon pseudo-frère. Son visage se contracta un peu, mais il ne céda jamais réellement à ses sentiments. Le doyen avait cessé de lui prêter beaucoup d'attention.

Pendant environ un quart d'heure, le doyen se promena avec nous. Au moment de me quitter, il me tint la main – pendant une minute de plus que ce qui était strictement nécessaire – et dit :

« Vous m'avez… euh… profondément intéressé. Puis-je espérer qu'à votre retour à Grosvenor Square, vous prendrez parfois quelques instants de côté des cercles à la mode dans lesquels vous évoluez et m'écrirez ? »

J'ai dit que ce serait un grand honneur pour moi d'être autorisé à le faire.

« J'espère, ajouta-t-il, que vous visiterez de nouveau Oxbridge et que vous renouerez alors une connaissance qui, quoique accidentelle dans son origine, m'a néanmoins beaucoup impressionné… euh… beaucoup. »

Après son départ, Willie est devenu hilarant et je me suis mis très en colère contre lui. Il a insisté sur le fait que tout allait bien. J'avais réalisé une belle prestation et je n'avais plus qu'à la poursuivre. Le doyen m'écrirait sans doute à Grosvenor Square, et Willie m'assura qu'il tenait le majordome de son père au bout d'un fil et que c'était lui qui triait les lettres. Je recevais les épîtres du doyen à n'importe quelle adresse que je lui donnerais et je répondrais sur le papier à lettres de Grosvenor Square.

« J'en ai des morceaux dans un écritoire dans mon appartement, dit-il, et je vous les enverrai. »

Je devais y consentir. Cependant, le lendemain, je partis pour Londres, un peu à la déception du restaurant que j'avais décoré, et plus encore à la déception de Willie. Mais, comme je lui ai écrit, c'est lui qui en était responsable. Je ne pouvais pas prendre le risque d'une autre rencontre accidentelle avec le Dr Benger Horlick.

Et d'ailleurs, nous ne nous sommes jamais revus. Mais pendant trois ans, nous avons correspondu assez fréquemment ; c'était une affaire de glace mince et de fil de fer, mais j'ai réussi à m'en sortir.

Sans doute la tâche m'était-elle facilitée par le fait que le doyen était un homme singulièrement simple d'esprit. Le respect de l'aristocratie était devenu chez lui presque une religion. Lorsqu'il fut amené — ou crut être amené — au contact de l'aristocratie, sa vision intellectuelle se referma dans un évanouissement d'extase. Snob? Oh, chérie, non ! Bien sûr que non. Qu'est-ce qui a bien pu te faire penser ça ? C'était simplement que l'aristocratie l'attirait tout autant que la romance : il en était en dehors, mais aimait se voir de près.

La GE a constaté que les lettres, aussi délicieuses soient-elles, l'ennuyaient lorsqu'elles étaient dispersées dans une biographie. C'est pour cette raison qu'elle a donné une seule série de lettres. Je ne vois pas pourquoi, si une chose vous ennuie quand vous en prenez un peu à la fois, elle vous ennuierait moins quand vous en prenez beaucoup. Mais, déterminé à suivre mon brillant modèle avec foi et humilité simples, j'y joins maintenant des extraits des lettres que j'ai reçues du Dr Benger Horlick.

« J'aimerais pouvoir vous persuader d'être moins précis dans votre langage. Si vous exprimez votre opinion, veillez à être belle mais inintelligible. Ne vous engagez à rien. Les mots nous ont été donnés pour cacher nos pensées, et avec un peu de pratique et d'autodiscipline, nous les cacherons même à nous-mêmes. Un ami sincère m'a un jour plaint que, dans ma traduction du grec, il lui était parfois impossible de savoir laquelle des deux *lectures différentes* je traduisais. En fait, même si je ne le lui ai pas dit, je ne le savais pas non plus. Ceci est particulièrement utile lorsque l'on est confronté à une question grossière, stimulante et directe sur n'importe quel point de religion ou de politique ; Je réponds par une phrase sonore et, je l'espère, équilibrée, dont le sens réel a été soigneusement extrait, et m'échappe ainsi dans le brouillard. D'un certain point de vue, c'est en effet une miséricorde que la plupart des gens sont trop lâches ou trop honteux pour dire qu'ils n'ont pas compris. Pourtant, s'ils avaient ma passion pour la vérité , ce serait peut-être mieux. La vérité est très précieuse pour moi, parfois trop précieuse pour être révélée.

« C'est bien à vous de dire que les quatorze pages de bons conseils ne vous ont pas ennuyé. Se pourrait-il que vous ne les ayez pas lus ? Aucun doyen – et peut-être aucun don – qui occupe cette position inquiétante depuis aussi longtemps que moi ne peut manquer de devenir un flux permanent de conseils. C'est l'ennemi juré de ceux qui ont été traités toute leur vie avec plus de respect qu'ils ne le méritaient. Je suis la seule exception que je connaisse. Mon enfant, pourquoi n'utilises-tu pas davantage tes nobles dons pour la danse, le théâtre amateur et la conversation générale ? Et pourtant, je ne me plains pas. Seulement, je veux dire, tu ne sais pas ? Bien sûr, ils le font tous – les gens du grand monde auquel vous, et parfois moi, appartenons. Pourtant, ça y est, n'est-ce pas ? Et vous m'écrivez des lettres pleines de crème si apaisantes, avec seulement un accroc occasionnel. Alors sois béni, mon enfant. J'espère que le rapport qui me parvient selon lequel vous partez avec le prince de Galles, Mme H. Ward et un certain M. Arthur Roberts chasser des kangourous en Australie est au moins exagéré. Ces marsupiaux, bien que leur apparence soit suffisamment excentrique pour suggérer l'objecteur de conscience, se battront désespérément – j'en suis informé de manière crédible – pour défendre leurs petits. Si je peux me permettre de suggérer, essayez les lapins.

« Je suis ravi d'apprendre que vous n'êtes pas l'auteur des deux articles attaquant la Société. Le fait qu'ils soient signés du nom d'une autre dame bien connue m'a fait penser qu'il était possible que ce soit le cas. Société?

C'est un grand mystère. Je peux difficilement y penser sans ôter mes bottes et me prosterner orientalement. Le critiquer est une erreur ; c'est même, si je puis dire pour une fois un mot dur, subversif. C'est le seul que nous ayons. Oh, chut ! Ce n'est qu'en murmurant au cœur de la nuit à l'ami le plus fiable, sous le sceau du secret, que nous pouvons penser à le critiquer. Mais occupant, comme je le fais, la position publique la plus importante sur le continent européen, sinon dans le monde entier – responsable, comme je le suis, de ce que l'on peut appeler la subsistance de la prochaine génération – je me sens appelé à effectuer toutes réparations et redécoration du tissu social qui pourraient être nécessaires. Vous, avec votre influence universelle qui, jusqu'à l'arrivée d'Einstein, sera la seule explication possible des aléas de l'orbite de Mercure, pouvez faire autant, ou presque. Fais-le. Mais n'en parle jamais. Oh, chut ! (Désolé, j'avais oublié que je l'avais déjà mentionné.)

« En réponse à votre demande, je n'ai jamais lu « Robert Elsmere », mais j'ai appris d'une source privée que cela a évité à de nombreux jeunes hommes de lire « David Grieve ». Votre deuxième question sur la maîtresse de ma première jeunesse est violente, très violente. Supposons que vous vous occupiez de vos propres affaires.

Quatrième extrait

LES SEMELLES

Je ne sais pas pourquoi on nous appelait les Soles. Les ennemis disaient que c'était parce que nous étions plats, louches et plutôt chers.

Notre groupe comprenait les hauts fonctionnaires de certaines des meilleures maisons de Mayfair. En y repensant maintenant, je constate qu'aucun organisme similaire n'a jamais eu une influence aussi considérable. Ce n'est peut-être pas entièrement dû à nous si la gravité varie inversement au carré de la distance, mais au moins nous avons acquiescé. Et ce que nous avons fait en politique intérieure et extérieure est à peine soupçonné.

La raison de notre influence est suffisamment évidente. Notre grand leader, James Arthur Bunting, était peut-être le majordome le plus parfait que le monde ait jamais vu ; sa présence magnifique, sa voix d'orfèvre, son tact exquis et ses vastes connaissances le rendaient hors de prix. Nous avions d'autres majordomes qu'il eût été presque aussi difficile de remplacer. Nous avions des chefs qui, avec une chaîne de dîners merveilleux , attachaient leurs prétendus employeurs aux roues de leur char. Théoriquement, le Parlement dirigeait le pays, mais nous n'avons jamais eu le moindre doute quant à savoir qui dirigeait le Parlement.

Pour ne prendre qu'un exemple, la soudaine *volte-face* de Lord Baringstoke sur la question du Home Rule. Cela fit sensation à l'époque et diverses explications furent suggérées pour l'expliquer. Personne n'a deviné la vérité. Le fait est que M. Bunting a présenté sa démission.

Lord Baringstoke était très affligé. Une augmentation de salaire a été immédiatement suggérée et écartée.

"Ce n'est pas ça, m'seigneur ", dit Bunting. «C'est une question de principe. Les opinions exprimées par Votre Seigneurie concernant l'Irlande ne sont pas, si je puis dire, les opinions de mes amis et de moi-même. Et à ce sujet, nous sommes profondément touchés. Préoccupé par cette différence, si je restais, je ne pourrais plus rendre justice à Votre Seigneurie ni à moi-même. Mon cœur blessé et saignant… »

"Oh, peu importe ton cœur qui saigne, Bunting", a déclaré Baringstoke . "Est-ce que je comprends que c'est ta seule raison pour laquelle tu veux y aller?"

"C'est vrai, m'seigneur ."

"Alors, à supposer que je reconsidère mes vues sur l'Irlande et que je découvre qu'elles sont en fait le contraire de ce que j'avais supposé auparavant, vous resteriez ?"

"Avec un très grand plaisir."

« Alors, dans ce cas, tu ferais mieux d'attendre quelques jours. J'ai tendance à penser que tout peut être arrangé.

"Très bien, m'seigneur ."

Moins d'une semaine plus tard, la rétractation publique de Lord Baringstoke faisait parler de lui à Londres. Dans un discours d'une grande éloquence , il montra comment la logique impitoyable des faits avait convaincu son intelligence et comment sa conscience l'avait contraint à abandonner la position qu'il avait prise auparavant. Heureusement, vous pouvez absolument tout prouver sur l'Irlande. Il s'agit simplement de savoir quels faits vous sélectionnerez et lesquels vous supprimerez.

M. Bunting est, je crois, toujours avec Lord Baringstoke . Ce fut peut-être l'un des principaux triomphes des Soles. Il y en avait bien d'autres. Nous avions notre propre service secret, et je dois ici reconnaître avec respect et admiration l'ingéniosité gauloise de deux des Soles, M. Colbert et M. Normand, pour reconstituer des lettres fragmentaires tirées des corbeilles à papier des illustres.

Naturellement, nous avons dû souffrir de la jalousie et de la méchanceté de ceux qui n'avaient pas été invités à nous rejoindre, et le bruit s'est même répandu que nous jouions au bridge pour six pence cent. Il n'y avait aucune vérité là-dedans. Il y a eu, et il y a encore, des clubs de jeu parmi les jeunes domestiques du West End, mais nous n'avons jamais joué. Cela n'aurait pas du tout plu à M. Bunting. Nous étions sérieux. Nous avons essayé d'être à la hauteur de nos idéaux et certains de nos membres ont réussi à vivre au-dessus de leurs revenus. Notre principale récréation était des jeux de crayons, pour la plupart de notre propre invention.

A cet égard, j'ai un incident plutôt triste à raconter. Une fois, nous avons organisé un concours pour voir lequel d'entre nous serait capable d'écrire l'épigramme rimée la plus plate et la moins pointue. Le prix pour les hommes consistait en deux cigares Havannah surdimensionnés , autrefois propriété de Lord Baringstoke , aimablement présentés par M. Bunting.

Percy Binder, premier valet de pied du comte de Dilwater , était extrêmement impatient d'obtenir ce prix. Il prit pour sujet de son épigramme la mort subite d'un homme au sortir de la prière. C'était d'un si mauvais goût qu'il n'a pas remporté le prix, mais autrement, il aurait certainement été le sien. Ses quatre lignes n'auraient pas pu être surpassées pour leur imbécillité maladroite et laborieuse . Les deux derniers ont couru :

"Mais quand il cessa de demander de l'aide,
le diable rusé lui cassa la jambe."

Et puis vint une terrible découverte. Percy Binder avait volé ces lignes de l'autobiographie de mon propre GE. Elle dit d'ailleurs que leur auteur était « le dernier des esprits ». Mais comment être dernier dans une course dont on ne prend jamais le départ ? Il est toujours prudent de dire ce que l'on pense, mais il est parfois dangereux de donner les raisons de ce que l'on pense.

Il s'agit cependant d'une digression. On a fait comprendre à Percy Binder que nous ne le connaissions plus à l'avenir. M. Bunting était tellement bouleversé qu'il a déclaré le concours annulé et a lui-même fumé le prix. Il a déclaré par la suite que ce qui l'ennuyait le plus était la stupidité de l'idée de M. Binder selon laquelle son plagiat ne serait pas détecté.

«Il est», dit M. Bunting, «comme l'autruche idiote qui pond ses œufs dans le sable pour échapper à la vigilance de ses poursuivants.»

L'un de nos jeux de crayon était connu sous le nom d'Inverted Conundrums et se jouait comme suit. Une personne a donné la réponse à une énigme et a mentionné un mot à utiliser dans la question. Les autres devaient ensuite écrire ce qu'ils pensaient que serait la question. La surdité de la chère Violet Orpington a parfois gâché cette partie.

Par exemple, j'avais un jour donné comme réponse « ruche » et j'avais dit qu'un mot de la question était « correct ».

La première question que j'ai lue était celle de George Leghorn. Il avait écrit : « Si une infirmière cockney souhaitait corriger un enfant, quel foyer d'insectes nommerait-elle ? » Cela a été accepté.

La question suivante était de Violet Orpington : « Si vous n'aviez jamais corrigé un vilain garçon auparavant, où le corrigeriez-vous ? »

"Mais, Violet," dis-je, "la réponse à cette question ne peut pas être" ruche ".

« Oh, » dit-elle, « vous avez dit « ruche », n'est-ce pas ? Je pensais que tu avais dit autre chose.

Je n'ai jamais pu deviner ce qu'elle pensait que j'avais dit ; et elle a refusé de me le dire.

Un autre de nos jeux de crayon était Missing Rhymes. L'un de nous écrivait un couplet déccasyllabique – nous l'appelions toujours quatrain, car c'était un mot de meilleure classe – et la rime du deuxième vers n'était pas réellement donnée mais simplement indiquée.

Par exemple, j'ai moi-même écrit le petit sonnet suivant :

«J'ai une adoration pour
une seule personne, à savoir *je* .»

Pour tout lecteur familier avec la langue française, cela peut sembler presque trop facile, mais je doute que quiconque ne connaissant aucune autre langue que le grec moderne puisse le deviner. Pour le bénéfice des non-initiés, je peux ajouter que le mot français *je* se prononce « mwor », suppléant ainsi à la rime manquante.

Millie Wyandotte s'est déshonorée avec les paroles suivantes :

"Après sa danse, Salomé, faisant la révérence, tomba,
Et choqua le Baptiste avec son cri de 'Désordre !'"

Elle l'eut à peine lu que M. Bunting se leva à sa place et dit gravement :

"Je ne peux parler définitivement que pour moi, mais j'ai la ferme conviction que toutes les personnes présentes, à l'exception de Miss Wyandotte, ont trop de raffinement pour pouvoir deviner correctement la rime manquante dans cette affaire." Applaudissements nourris et prolongés.

George Leghorn était particulièrement heureux de ces jeux de crayons, et c'est à lui que l'on doit cette très savante combinaison du lyrique et de l'acrostical :

« Mon premier est un homme, et mon suivant un piège ;
Mon tout est interdit, de peur que cela ne cause des ennuis.

La réponse à l'acrostiche est « mantrap » ; la rime manquante est « mésaventure ». La solution entière a été donnée en moins d'une demi-heure par Popsie Bantam. C'était une fille très intelligente et elle épousa ensuite un homme de la Garde (LNWR).

M. Bunting, un politicien de parti assez fort, proposa un soir ce petit triolet :

« Lorsque la Grande Guerre nous a demandé de forger de nouvelles armes,
à qui la nation a-t-elle fait confiance ? « C'était toi, Asquith !

La rime manquante a été devinée immédiatement, à deux endroits, comme le disent les commissaires-priseurs.

Cependant, lors de notre prochaine réunion quinquennale, Nettie Minorca avait réfléchi à la réplique suivante :

« Quand la main de l'histoire corrigera le mythe actuel,
quel nom préférera-t-elle ? C'est à toi, Lloyd George.

Oui, la chère Nettie avait un génie tardif – l'esprit de l'escalier, mais encore plus. Nous avons toujours dit que Nettie pouvait faire des choses merveilleuses si seulement on lui donnait du temps.

Finalement, on lui a donné du temps, et elle continue de le faire, mais c'était dans un tout autre contexte. Elle a inséré une annonce indiquant qu'elle était une très bonne cuisinière. Des références de premier ordre. Huit ans dans la situation actuelle à Exeter, et départ parce que la famille partait à l'étranger. Salaire demandé, 36 £ par an. Aucune femme de ménage n'est requise. Pas moins de douze familles étaient si impatientes de recevoir le trésor qu'elles lui offrirent le billet aller-retour entre Exeter et Londres, ainsi que ses frais, pour obtenir un entretien personnel avec elle. Elle récupéra le butin des douze. Et elle vivait à Bryanstone Square à cette époque. Elle est perdue pour nous maintenant.

Comme me l'a dit un jour ce cher vieux Percy Cochin, également membre des Soles : « Nous sommes ici aujourd'hui et partis à la fin de notre mois. »

Violet Orpington avait une apparence saisissante et marchait également comme un policier. Ses cheveux étaient d'une riche couleur de Sienne crue, et n'importe quel homme lui aurait fait l'amour si elle avait porté un trompette d'oreille. Elle est la « Violette qui se retire » du verset sept. [A] Millie Wyandotte était malveillante et inintelligente ; elle avait l'air bien en blanc, mais elle était trop lourdement bâtie à mon goût. Je puis ajouter, comme preuve de mon impartialité, qu'elle a dressé la table mieux qu'aucune femme que j'ai jamais connue ; en fait, elle a remporté le premier prix d'un concours de ponte. Nettie Minorca était « noire mais jolie » et avait du sang espagnol dans les veines. Elle est la « gitane » mentionnée au verset un et demi. Popsie Bantam était *petite*. Son profil était admiré, mais je l'ai toujours trouvé moi-même un peu bec. J'étais moi-même la moins belle, mais la plus attirante. Des allusions à mon propos se trouveront dans les versets 1, 2, 3, 5, 6, 12-19, 24, 57-60, 74, 77, 87, 97 et 102-3468.

George Leghorn était un albinos, mais sa silhouette était très gracieuse. D'après l'échantillon que j'ai déjà donné, il sera facile de croire que son esprit était fluorescent, détergent et vibratoire. Il est ensuite devenu une personnalité bien connue sur le terrain. Il a gagné une fortune considérable en misant toutes les chances de son côté ; sa famille était réputée pour être de bons pondeurs.

Le cher vieux Peter Cochin était fidèle et fidèle. Il me rappelle quelque chose que mon illustre modèle dit d'un autre homme. Elle dit qu'il « risquerait de me dire, à moi ou à quelqu'un qu'il aime, avant de se confier à un entourage, des défauts qui, lui et moi, pourraient être corrigés ». La grammaire était sans aucun doute faite pour les esclaves – pas pour les brillants et les autobiographiques. Il faudrait tout de même offrir un prix à quiconque trouverait le « risque » manquant en évoquant à un autre un point sur lequel tous deux sont d'accord.

Elle ajoute qu'elle a eu « une longue expérience des cercles restreints ». Là, il faut l'avouer, elle est devant moi. Mais le seul cercle restreint dont j'ai eu une longue expérience s'est beaucoup amélioré depuis qu'il a été électrifié.

En félicitant Peter pour sa nouvelle nomination, avec trois sous ses ordres, je lui ai demandé quand je l'avais rencontré pour la première fois. Sa réponse fut particulièrement ferme, et je la cite :

«C'était le 28 mai 1913. Il était 1 h 38 h 5, heure de Greenwich, et je ne l'oublierai jamais. Vous aviez alors seize ans et l'effet ressenti lorsque vous êtes entré dans la pièce était par excellence. Soudain, le soleil s'est allumé, la lumière électrique s'est allumée automatiquement jusqu'à ce que les fusibles cèdent, la cheminée a pris feu, le toit s'est effondré, le réservoir d'essence a explosé, le vieux R... y a dit qu'il ne devrait plus jamais se soucier de parler à sa femme, et le majordome a laissé tomber la Veuve Clicquot . Ensuite, les tirs sont arrivés, mais pour une raison ou une autre, la sentence n'a pas été exécutée. »

J'ai très peu d'amis fidèles, et beaucoup d'entre eux ont dû être écartés par faiblesse ; mais quand ils sont fidèles, eh bien, ils le sont vraiment. Le seul problème avec Peter Cochin était qu'il était trop prudent. Il était enclin à la sous-estimation. Je ne pense pas qu'il donne une idée vraiment complète et riche de l'effet que je produisais habituellement.

Je pense parfois que je suis presque trop efficace. Pourtant, comme je l'ai déjà dit, le mot latin « margo » signifie « la limite ».

Cinquième extrait

Ratés

Ma famille avait une curieuse crainte à l'idée que j'épouse un marié. J'ai jamais fait. Pour être tout à fait honnête, je n'en ai jamais eu l'occasion. Mais je me suis fiancé à bien d'autres choses.

Mon premier engagement a eu lieu quand j'étais très, très jeune. C'était un homme plein d'humour et j'avais peut-être tort de le prendre si au sérieux. Pourtant, il devait m'adorer. Quand je l' ai accepté , ses cheveux sont devenus complètement blancs – un test infaillible de la profondeur de l'émotion.

C'était un excellent fouet. C'était autrefois un spectacle merveilleux de le voir emmener une paire de jeunes chevaux sur Ludgate Hill par une journée grasse à midi, avec toute la route encombrée de circulation, allumant d'une main une pipe avec une allumette en bois, portant dans une conversation animée avec l'autre avec un passager sur le siège avant, lançant une satire chauffée à blanc sur la tête des conducteurs moins efficaces que lui, et faisant toujours passer le bus en toute sécurité avec environ un pouce d'avance de chaque côté.

D'un autre côté, il ignorait presque entièrement Marc Aurèle, Henry James, le step-dancing, le Titien, les manières et coutumes de la société polie, la réhabilitation des filles d'usine, le cardinal Newman ou l'art de la publicité personnelle. Il dit, sans aucune prétention, que ces choses n'étaient pas sur sa route.

Quand j'ai annoncé nos fiançailles, les membres de ma famille qui étaient présents, environ dix-sept d'entre eux, se sont tous évanouis, sauf mon cher papa, qui a dit de sa manière très tendue que si j'épousais quelqu'un , il me mettrait la RSPCA.

J'ai dit ce que je pensais et j'ai fui pour me consoler auprès de Casey, ma sœur mariée. Mais elle était aussi décourageante.

"Marge," dit-elle, "laisse tomber. Vous avez une nature riche, de beaux cheveux, une connaissance du monde, une tension nerveuse, une apparence d'éducation et quatre livres quinze mises à la Poste. Vous devez regarder plus haut.

J'ai toujours détesté les scènes, ce qui semble peut-être étrange chez une fille aussi friande de feux de la rampe que moi. J'ai commencé à reconsidérer la question. Par hasard, j'ai découvert qu'il avait déjà une femme. Entre deux choses, j'ai pensé qu'il valait mieux écrire et l'abandonner. Il a immédiatement démissionné de son poste auprès du général de Londres, m'a donné une certitude à long terme pour les Oaks et est parti pour New York. À son retour, deux ans plus tard, ses cheveux étaient vert pâle.

Mais si l'engagement n'a pas eu lieu, la certitude pour les Oaks l'a été. En conséquence, je partis pour Ramsgate par la « Marguerite » quelques jours plus tard. Habillé? Eh bien, tu aurais dû me voir.

Il se trouve que l'un des passagers du bateau était M. Aaron Birsch . Il m'avait été présenté quelques semaines auparavant par M. Bunting. Je savais qu'il était commissaire du territoire, qu'il avait spéculé avec succès sur la propriété de chalets et qu'on disait généralement qu'il était beaucoup plus riche qu'il ne le paraissait. Au-delà de cela, je le connais très peu. Apparemment, cependant, il s'était fait un devoir de bien me connaître. M. Bunting était son informateur, et j'avais toujours été un favori tout particulier du *doyen* des Soles.

M. Birsch est venu vers moi immédiatement. Nous avons discuté de divers sujets et il m'a parlé de quelque chose qui pourrait être très utile à Goodwood. Puis il dit tout à coup :

« En fait, il y avait une affaire privée dont je voulais vous parler. Ce bateau est trop rempli de ce que j'appelle de la racaille. Organes buccaux. Mauvais goût. Je ne peux pas vous entendre parler. Mais nous avons une heure à Ramsgate , et si vous acceptez de prendre une collation avec moi là-bas, je peux vous dire ce que j'ai à dire.

Plus par curiosité qu'autre chose, j'ai accepté. Et je dois dire que notre conversation au déjeuner a été plutôt remarquable.

BIRSCH : Pour en venir au fait, vous êtes la même fille que je veux qu'Alfred épouse.

MARGE (*innocemment*) : Alfred ?

BIRSCH : Oui, mon fils.

MARGE : Mais je ne l'ai jamais vu.

BIRSCH : Et quand vous l'aurez fait , vous souhaiterez probablement ne pas l'avoir fait. Mais ne laissez pas cela vous porter préjudice. C'est l'intérieur de la tête qui compte. Ce garçon a un génie parfait pour les propriétés de chalet et un vrai tact dans ce domaine. La semaine dernière encore, il a financé le loyer d'une vieille femme d'un shilling par semaine, et quand il est parti , elle lui a donné un bouton de rose et lui a dit qu'elle prierait pour lui. Cela demande du temps – une chose comme ça. Maintenant, je veux une carrière publique pour ce garçon, et s'il t'épouse, il ne peut pas la manquer. Savez-vous ce que M. Bunting m'a dit à votre sujet ?

MARGE (*à bout de souffle*) : Mais il est tellement flatteur. Je pense qu'il m'aime bien – je ne sais pas pourquoi. Je me demande parfois——

BIRSCH (*comme si je n'avais jamais parlé*) : Bunting m'a dit : « Cette fille, Marge, fera la une des journaux. Cela peut être dans le Court News, ou dans le Police-Tribunal News. Cela dépendra de ce qu'elle préfère. Mais elle y arrivera et elle y restera ! C'est ce que je veux pour Alfred. Tout est prêt pour qu'il puisse commencer à tirer, mais il a besoin que vous visiez l'arme.

MARGE : Et si tu ne peux pas m'avoir, qui aimerais-tu ?

BIRSCH : Eh bien, Lady Artemis Morals a un certain don pour la publicité. Mais Alfred n'épousera pas un titre, disons qu'il pense plutôt à se faire un titre. Ce garçon a de l'ambition. L'argent arrive. Et vous pouvez faire le reste.

MARGE : C'est une offre flatteuse. Tu me laisses y réfléchir ?

Il a gentiment accepté et nous sommes retournés au bateau. Cependant, sur le chemin du retour, la mer devint très agitée et désagréable ; et j'ai abandonné l'idée.

(Au fait, cela ne vous dérange pas que j'écrive le dialogue, comme ci-dessus, comme s'il s'agissait d'un morceau d'une pièce de théâtre ? J'ai toujours apporté le sens du théâtre dans la vraie vie.)

Pauvre Aaron Birsch ! Il n'était qu'un des nombreux hommes qui tenaient extrêmement à ce que j'épouse quelqu'un d'autre. Deux ans plus tard, Alfred mourut d'une tumescence cérébrale, maladie à laquelle les ambitieux sont particulièrement exposés. Ce chat, Millie Wyandotte, a dit à Birsch que si j'avais épousé son fils, j'aurais maintenant été une jeune veuve riche.

"Quiconque épouserait Marge", a déclaré Birsch , "ne mourrait pas au bout de deux ans."

"Je suppose que non", a déclaré Millie. "Il serait plus susceptible de se suicider à la fin d'un mois."

Je n'ai jamais aimé cette fille.

Mais je dois parler maintenant de ce qui fut peut-être mon engagement le plus sérieux. Hugo Broke - sa mère était une des Stoney - était destiné dès sa naissance à l'un des services et au service domestique sélectionné. Ici, on pensait que sa taille – il mesurait sept pieds un – jouerait en sa faveur . Cependant, la duchesse d' Exminster , en ordonnant que le nouveau valet de pied soit renvoyé, dit que la taille était souhaitable, mais que c'était la prolixité.

Cependant, il ne lui fallut pas longtemps avant de trouver un domaine propice à ses activités au sein de la succursale londonienne de l'Auto-extensor

Co. of America. La Cie Auto-extenseur s'adresse aux éditions abrégées de l'humanité. On prétend pour le système Auto-extensor qu'il n'y a absolument aucune limite à l'augmentation de hauteur qu'on peut obtenir grâce à lui, à condition bien sûr que le système soit suivi exactement, que rien ne vienne l'empêcher et que la pluie continue. désactivé.

Hugo entra dans l'établissement de Regent Street des gens d'Auto-extensor et dit :

"Bonjour. Je pense que je pourrais être utile à cette entreprise en tant que publicité.

"Je suis sûr que vous le pourriez", a déclaré le manager. "Si vous voulez bien attendre un moment pendant que le garçon va chercher l'escabeau, je viendrai et arrangerai les conditions."

En conséquence, la grande vitrine de l'établissement de Regent Street a été aménagée en fumoir de club ou à peu près. Au centre même , dans un fauteuil au confort exagéré mais au goût douteux, était assis Hugo. Il était superbement vêtu. Il lisait un journal et fumait des cigarettes. A ses côtés, dans un cadre magnifique, se trouvait une notice imprimée donnant une biographie assez fantaisiste de l'exposition.

«Ce monsieur», disait l'annonce, «était autrefois un nain. Pendant des années, il a souffert des angoisses de l'humiliation, puis un ami a attiré son attention sur le système d'auto-extenseur d'augmentation de la hauteur. Il n'y croyait pas beaucoup, mais en désespoir de cause, il l'a essayé – et cela a fait de lui ce qu'il est aujourd'hui. Cherchez vous-mêmes. Les faits sont plus éloquents que les mots. Tout ce que nous vous demandons, c'est de faire confiance à l'évidence de vos propres yeux.

La fenêtre s'est avérée une grande attraction. La foule devant lui était la plus nombreuse vers quatre heures, car chaque jour à cette heure on assistait à une scène dramatique et passionnante. Déposant son journal, Hugo sonna une cloche sur une petite table à côté de lui. Un page entra par les rideaux trop luxueux du fond, et Hugo donna un ordre bref et hautain. Le garçon exagéra quelque peu en acquiesçant respectueusement, se retira à travers les rideaux et réapparut avec du thé et du pain fin et du beurre. De ces délices Hugo a participé *au coram populo* . Cela était porteur de conviction. Un spectateur disait à un autre : « Cela vous montre qu'il est réel, n'est-ce pas ? À un moment donné, je pensais que ce n'était qu'un mannequin. Et pendant quelque temps encore, l'employé du magasin s'occupait à distribuer gratuitement le livret explicatif de la société Auto-extensor.

C'est dans cette vitrine que j'ai vu Hugo pour la première fois. Je suis arrivé un peu tard dans l'après-midi et j'ai raté le premier acte, où il pose le journal et sonne. Mais j'ai vu la conclusion de la pièce.

Mes yeux se remplissaient de larmes. Ici – ici enfin – j'avais rencontré quelqu'un dont l'endurance publicitaire était égale , et peut-être même supérieure, à la mienne.

Je suis entré dans le magasin, j'ai récupéré le livret explicatif et j'ai demandé à quelle heure ils fermaient. A cette heure-là, je le rencontrai alors qu'il quittait ses affaires, et mes premiers sentiments furent de déception. Ses vêtements n'étaient pas les vêtements exquis qu'il avait portés comme objet d'exposition dans la vitrine. Les guêtres blanches, le pantalon en éponge au pli tranchant, les lunettes à monture dorée, la jaquette bien coupée, le gilet trop affirmé, tout cela appartenait à la société Auto-extensor et n'appartenait pas à la société Auto-extensor. être porté en dehors des heures de bureau. Il portait désormais un costume en tweed défraîchi et une casquette. Mais il restait une figure remarquable ; un sourire heureux apparut sur les visages des petits garçons à son passage.

« Vous aimez votre travail ? » Dis-je timidement en m'asseyant à côté de lui au sommet de l'omnibus.

Il a répondu d'un ton plutôt bourru qu'il supposait qu'un homme devait travailler pour gagner sa vie, et que tout travail était un travail, quelle que soit la façon dont on le considérait. D'autres questions ont fait ressortir que le salaire était satisfaisant, mais qu'il ne considérait pas la situation comme permanente. Le public s'en lasserait et on trouverait une autre forme de publicité. Il se plaignait également du fait qu'il était censé conserver l'apparence d'un riche homme fumant des cigarettes continuellement pendant sept heures, et que la direction ne lui fournissait qu'un petit paquet de bûches par jour pour le faire.

J'ai sorti mon étui à cigarettes. C'était celle que Lord Baringstoke – toujours un homme insouciant – avait perdu. Il m'avait été présenté par le cher M. Bunting. Hugo a déclaré qu'il n'avait rien prévu de tel, mais qu'il s'est servi lui-même.

Un quart d'heure plus tard, nous avons eu notre première dispute. Je lui ai demandé s'il faisait froid là où il était. Il dit d'un ton maussade qu'il avait déjà entendu cette blague sur sa stature à plusieurs reprises. Je lui ai dit que s'il vivait assez longtemps – et je n'avais jamais vu personne vivre plus longtemps – il l'entendrait probablement encore plusieurs fois. Il a ensuite dit que soit je pouvais descendre du bus, soit il le ferait, et il s'en fichait. Après cela, nous avons tous les deux été plutôt impolis. Il m'a attrapé par les cheveux et je venais d'atterrir tout droit à gauche au point où le conducteur est arrivé et m'a dit qu'il ne l'aurait pas.

Je me suis fiancée à Hugo ce soir-là à 22h41. Je me souviens exactement de l'heure, car Mme Pettifer avait pour règle que toutes ses servantes devaient être dans la maison à dix heures précises , et je gardais donc plutôt un œil sur ma montre.

A vrai dire, nous nous disputions très fréquemment. Même si nous étions différents à bien des égards, nous avions tous les deux une nature irritable, tendue, à trois accords, avec des nerfs à ressorts connectés directement au mien de langage hautement explosif.

Une fois, je l'accompagnai à un bal costumé en papier dans les chambres rattachées au Hopley Arms. J'y suis allé sous le nom de « The Sunday Times », ma tenue étant composée de deux exemplaires de cet excellent journal, quoique bon marché, disposés avec goût sur une fondation en béton.

Lorsque Millie Wyandotte m'a vu, elle m'a crié : « Bonjour, Marge ! Vous êtes enfin parvenu dans les journaux ? Je serai quitte pour cette fille un de ces jours.

J'ai refusé du tout de danser avec Hugo. J'ai dit franchement que je préférais danser avec quelqu'un qui pouvait toucher le sommet de ma tête sans me baisser. Je suis parti avec Georgie Leghorn et Hugo s'est assis et a boudé.

Plus tard dans la soirée, il est venu vers moi et m'a demandé s'il devait récupérer mon manteau.

J'ai dit avec irritation : « Bien sûr que non. Pourquoi devrais-tu?"

"Eh bien," dit-il, "je ne sais pas si vous en êtes conscient, mais vous avez trois infinitifs divisés dans votre article sur City ."

"Ah!" J'ai répondu. "La prochaine fois que Millie Wyandotte vous téléphonera, donnez-lui mon amour et dites-lui de ne pas trop se forcer."

Les choses sont allées de mal en pis, et après qu'il ait fait allusion à ma colonne vertébrale comme étant ma chronique personnelle, toute possibilité de réconciliation a semblé terminée. Je ne savais pas alors à quel point Hugo était une personne terriblement déterminée.

Georgie Leghorn m'a raccompagné à la maison. Je me suis séparé de lui à la maison, je suis entré par la porte de la zone, je l'ai verrouillée après moi, et j'ai ainsi descendu les marches et suis entré dans la cuisine.

Là, je venais de m'arracher les cheveux quand j'entendis un sifflement strident dans la rue. Remplaçant précipitamment ma seule beauté, j'ai remonté le store et j'ai regardé dehors. Là, au-dessus de moi sur le trottoir, se trouvait Hugo, qui s'étendait au loin.

"Il a appelé à la réconciliation", a-t-il déclaré. "Ouvrez simplement cette porte de zone, d'accord?"

« A cette heure de la nuit ? » J'ai appelé, dans un murmure tendu. "Certainement pas."

Il recula et, d'un seul bond, sauta par-dessus la balustrade et tomba sur le rebord de la fenêtre de la cuisine. L'instant d'après, il avait ouvert la fenêtre, était entré et s'était tenu à côté de moi.

"Que penses-tu de cela?" dit-il calmement.

"Hugo," dis-je, "j'ai connu des limites à mon époque, mais aucune n'aurait pu faire ça."

Nous nous sommes assis et avons commencé à discuter de la dissolution de l'Église galloise, quand soudain la porte de la zone a été secouée et une voix sévère à l'extérieur a dit « Police ».

Instantanément, Hugo se cacha autant que possible sous la table de la cuisine. Il n'y avait aucune aide pour cela. J'ai dû laisser entrer le policier, sinon il aurait réveillé la maison.

"Je vais juste jeter un œil dans ta cuisine", dit-il.

"Cela ne sert à rien," répondis-je. "La tarte au lapin était terminée hier."

"C'est un chat impertinent, n'est- ce pas ?" dit-il en entrant.

"Eh bien, vous pourriez être un sportif et dire à une fille ce que vous recherchez."

"Un chauffeur de taxi, qui passait ici il y a quelques minutes, a vu un homme sauter par-dessus la grille et entrer par la fenêtre de la cuisine."

"Est-ce tout?" J'ai dit . « Un homme est entré par là il y a quelques minutes, mais ce n'était pas un cambrioleur. C'était Maître Edward, le fils aîné de Mme Pettifer. Il avait perdu sa clé – il le fait toujours – et c'est comme ça que c'est arrivé. Il est monté directement se coucher, sinon il confirmerait ce que je dis.

« Il est allé directement au lit, n'est-ce pas ? Est-ce qu'il lui a enlevé les jambes en premier ? Je remarque qu'il y en a deux qui dépassent de sous la table de la cuisine.

«Oui», ai-je admis, «j'ai dit de meilleurs mensonges à mon époque. Oh, monsieur le policier, ne soyez pas dur. Je n'ai jamais voulu que mon jeune homme vienne se moquer ainsi. Mais... ce n'est pas un cambrioleur. Il s'agit de l'exposition de la société Auto-extensor Co. à Regent Street. Vous pouvez retirer le reste de lui et voir s'il ne l'est pas.

«C'est ce que j'ai dit au chauffeur de taxi », a déclaré le policier. « Je lui ai dit : 'Espèce de jongleurs ', lui ai-je dit, 'tu crois qu'un cambrioleur qui veut entrer dans une maison attend qu'un taxi passe et fasse ensuite une démonstration acrobatique pour attirer l'attention du conducteur ? C'est un jeune imbécile qui s'en prend à l'une des servantes. Non, je ne veux pas voir le reste du jeune homme, pas s'il ressemble à l'échantillon. Déroulez-le le plus tôt possible et envoyez-le vaquer à ses affaires. S'il n'est pas sorti dans deux minutes, je sonnerai à la porte d'entrée et vous serez dans le chariot. Et ne sois pas aussi stupide une autre fois.

Hugo est sorti en 1 minute. 35 secondes. Il s'arrêta pour discuter avec le policier, sauta par-dessus la grille de sept pieds dans le jardin carré, sauta de nouveau en arrière, juste pour montrer ce qu'il pouvait faire, et s'en alla.

J'ai poussé un long et profond soupir. Je fais toujours cela lorsqu'un incident de ma vie n'atteint pas le meilleur niveau autobiographique. Je ne savais pas ce que pensait le policier et je ne m'en souciais pas. Vous voyez, je ne mériterais jamais une mauvaise réputation, mais il n'y a rien d'autre que je ne ferais pas pour en avoir une.

Pendant quatre-vingt-quatre ans - ma mémoire des chiffres n'est pas tout à fait exacte, mais nous dirons quatre-vingt-quatre - pendant quatre-vingt-quatre ans, je lui ai écrit une lettre chaque matin et soir de chaque jour, à l'exception des dimanches et des jours fériés, et les jours où je n'en avais pas envie.

Mais il ne devait pas être. Il ne fut pas sans succès dans le cirque qu'il rejoignit par la suite, mais il fut imprévoyant. Ses revenus augmentaient en progression arithmétique et ses dépenses en progression géométrique. Ceci, comme nous l'ont montré le Dr Micawber et le professeur Malthus, doit se terminer par un désastre. En le considérant du point de vue le plus noble, celui de l'autobiographie, j'ai compris qu'un mariage avec Hugo gênerait inévitablement mon style.

Et c'est ainsi qu'un grand sacrifice a été fait. Nos sentiments furent si intenses au moment de nos adieux que ma réserve et mes réticences natives m'interdisent de les décrire. Mais nous nous sommes séparés une nuit de juin, avec une larme à la gorge et un pincement aux yeux. Alors qu'il quittait le parc, j'ai levé les yeux et j'ai vu dans les rochers bruns au-dessus de moi un animal gracieux se découpant sur un ciel d'opale. J'ai toujours dit que ces terrasses Mappin constituaient une amélioration.

Sixième extrait

TÉMOIGNAGES—APPRÉCIATION ROYALE

Étant ce que je suis, on peut facilement supposer que j'ai reçu de nombreux hommages pour les qualités que je possède. J'en ai déjà exposé beaucoup au public, il m'en reste encore quelques-uns, et il me semble dommage que mes lecteurs manquent une quelconque preuve. Le premier témoignage est celui de ma sœur Casey, et on y attache un intérêt mélancolique. C'était le dernier qu'elle écrivit pour moi avant que je franchisse l'étape capitale qui sera décrite dans mon dernier chapitre :

« Marge Askinforit est à mon service depuis huit ans. Je ne devrais pas me séparer d'elle sans que je sois obligé, pour des raisons de santé, de quitter l'Angleterre. Askinforit est propre, sobre, honnête, une lève-tôt, une excellente laveuse d'assiettes et valet de chambre, a des manières parfaites et une grande intelligence, est très fière de son travail et est très disposée, obligeante et travailleuse. Elle était avec moi comme femme de chambre (la première de deux) et cherche maintenant un emploi temporaire à ce titre ; mais il n'y a aucune branche du service domestique qu'elle ne connaisse à fond, et lorsque l'occasion s'en présentait, elle était toujours prête à entreprendre n'importe quel travail, et l'a fait avec un succès indéfectible. Elle est grande, de belle apparence, membre de l'Église d'Angleterre (ou tout ce qui est requis), et quiconque obtiendra un tel trésor aura une chance exceptionnelle. Je me ferai un plaisir de donner à tout moment toute information complémentaire qui pourrait être souhaitée.

« (Mme) C. MORGENSTEIN . »

Je ne dis pas que l'estimation de la chère Casey avait la précision aride du pédant, mais elle avait une imagination riche et utile. Dans de rares moments de dépression et de malheur, j'ai découvert qu'en lisant l'un de ses témoignages, je pouvais toujours retrouver mon tonus. Et ils ont été efficaces pour leur objectif. À cette époque , je n'acceptais aucune situation sauf avec des personnes titrées ; et certains propos que j'entendais me suggéraient que la reconquête des baronnets à l'heure du dîner pourrait après tout être l'œuvre de ma vie.

La prochaine exposition sera une lettre d'un auteur célèbre, pour moi complètement inconnu, dont je connaissais et admirais le travail depuis longtemps :

« Chère Madame, J'ai depuis longtemps le privilège d'exprimer dans les journaux quotidiens ma vive et sincère appréciation pour un certain grand magasin . Je pensais que je connaissais mon travail. Je crois même que cela a donné satisfaction. Je pourrais commencer un article avec des fragments de philosophie morale, facilement intelligibles et certains d'être acceptés par tous, moduler avec une habileté consommée dans le ton de la *crêpe de Chine* , et avec une autre transition naturelle et facile atteindre le grand thème des glorieuses opportunités offertes par un philanthropique d'Oxford Street à un public haletant et enthousiaste. Ou bien j'adopterais avec grâce et facilité l'attitude d'un critique hostile et préjugé, je montrerais comment des faits froids et des chiffres incontestables ont renversé mon jugement, et je terminerais par une image réaliste de moi-même me dirigeant frénétiquement dans un bus n°16 pour le marché. sous-sol, hanté par la terreur que je puisse arriver trop tard. Avec quelle dignité, voire majesté, n'ai-je pas investi une transaction ordinaire en *lingerie* , lorsque je parlais de « la politique de cette grande Maison » ! Oui, je croyais savoir ce qu'il y avait à savoir sur l'art suprême de rédiger une publicité.

«Mais maintenant les brouillards se dissipent et je vois comme des sommets lointains de publicités délicates et impliquantes dont je n'avais jamais soupçonné l'existence. C'est à toi que je le dois. Vous avez un thème que vous trouvez probablement inépuisable. Enthousiasmé par votre exemple, je me tournerai vers mon propre sujet (le linge du gouvernement en ce moment) avec la conscience heureuse que je ferai une bien meilleure chose que je n'ai jamais fait auparavant.

« Votre obéissant serviteur,
" CALLISTHÉNIDE ."
De cette lettre, je dirai seulement que peu ont le courage et la franchise de reconnaître une infériorité et une dette, et encore moins auraient pu le faire dans le style vicieux et même succulent de celui-ci. C'est une lettre que je lis souvent et que j'apprécie beaucoup. Le seul ennui, c'est que je me demande parfois si ce n'était pas vraiment destiné à une autre dame dont le nom présente un ou deux points de similitude avec le mien.

Je ne peux m'empêcher de citer également l'une des nombreuses lettres que j'ai reçues de mon cher vieil ami, MJA Bunting :

« Et maintenant, je dois passer à votre demande de publication de mon opinion sur vous, au cas où une autobiographie serait publiée. C'est moi qui vous ai présenté à un certain cercle. Ce cercle, bien que pour moi une séance ouverte , était sans doute particulier, et j'avoue que j'ai ressenti une certaine hésitation. Sans que ce soit de votre faute, vous étiez alors dans une situation qui n'était guère à la hauteur de notre niveau. Mais j'admirais votre esprit et je trouvais que vos manières, dont je peux prétendre être un bon juge, étaient correctes , quoiqu'avec un peu trop de tendance à bavarder. En tout cas, j'ai franchi le pas et je ne l'ai jamais regretté. Vous vous êtes rapidement dirigé vers le front, et j'ai la ferme conviction que si vous aviez été jeté dans une tanière de lions enragés, vous auriez fait la même chose. Vous nous manquez beaucoup. Vous avez mon entière permission de faire l'usage qui vous plaira de ce témoignage, qui est tout à fait non sollicité et motivé uniquement par une appréciation des marchandises fournies.

« La société à Londres est très médiocre en ce moment et nous partons pour l'Écosse à la fin de la semaine. Sa Seigneurie a eu une crise de colère, mais j'ai eu le regard dans les yeux que l'ipsum factum y a rapidement mis un terme. J'aurais aimé qu'il soit aussi simple de mettre un terme à son penchant pour les compagnies de troisième classe. Trois députés ordinaires au dîner hier soir et un RA. J'ai toujours détesté la racaille et je dois dire que c'était dans mon sang.

Malheureusement, ce n'est pas tout le monde qui mettra par écrit, avec la simple virilité de M. Bunting, la très haute opinion qu'ils ont inévitablement formée à mon égard. Même George Leghorn s'est révélé décevant. Mais dans son cas, j'ai tendance à penser qu'il y a eu un malentendu.

Je lui ai demandé de m'envoyer son avis alors que je pensais faire un livre. Il a répondu sur une carte postale : « N'approuvez pas les femmes dans la profession, et vous feriez mieux d'y renoncer. Il est déjà assez difficile pour un bookmaker de gagner sa vie, alors que tout le monde s'attend aux prix absurdes cités dans la presse.»

La plupart des témoignages contemporains que j'ai reçus sont formulés avec tant de prudence et manquent si de chaleur que je refuse d'en faire un quelconque usage. J'ai toujours détesté la lâcheté. J'ai le courage de mes opinions. Pourquoi les autres ne peuvent-ils pas avoir la même chose ?

Cependant, grâce à ma sœur Chlorine, j'ai réussi à obtenir l'opinion de certains des plus grands d'un autre siècle. Je peux seulement dire qu'ils confirment ma confiance en ses pouvoirs de médium et en son merveilleux système de téléphonie sans fil.

La première personne que je lui ai demandé d'appeler était Napoléon. Elle a eu quelques difficultés à s'en sortir. Il s'exprima ainsi :

« Oui, je suis Napoléon. Oh, c'est toi, Chlorine, n'est-ce pas ?... Très bien, merci, mais je trouve la chaleur plutôt oppressante.... Tu veux mon avis sur ta sœur Marge ? Elle est merveilleuse, merveilleuse ! Dites-lui de ma part que si je l'avais épousée quand j'étais un jeune homme, je suis sûr que Wellington aurait rencontré son Waterloo.

Je pense qu'il aurait aimé en dire plus, mais malheureusement le combiné a fusionné. Je pense que cela montrait une telle émotion chez lui qu'il parlait anglais. Le pauvre Chlore ne connaît pas le français.

Une fois l'appareil réparé, Chlorine entra en communication avec Sir Joshua Reynolds. Elle a dit que sa voix avait un cérémonial fruité et j'aurais aimé pouvoir l'entendre. Mais je n'ai pas le don de médiumnité de Chlore. Sir Joshua a déclaré :

« Plus je vois votre sœur Marge, plus je regrette le temps que j'ai passé avec Mme Siddons, qui était aussi théâtrale ; mon compliment selon lequel je devrais passer à la postérité sur l'ourlet de son vêtement n'était pas mal tourné, mais elle est plus susceptible de passer à la postérité comme sujet de mon art. Eh bien, même Romney aurait été assez bien pour elle. Aurais-je pu peindre Marge, ma renommée aurait été en effet immortelle. Qui est le président ?... Eh bien, vous me surprenez.

Pour éviter toute possibilité d'incrédulité, je puis ajouter que j'ai écrit ces mots à l'époque, ajouté la date et l'adresse et les ai signés ; donc il ne peut y avoir aucune erreur.

Mais bien plus intéressante est la communication importante et exclusive que Chlorine reçut ensuite. Ce n'est qu'après beaucoup de persuasion que je l'ai convaincue de l'appeler ; elle a dit que c'était contraire à l'étiquette. Cependant, elle a finalement téléphoné à Sir Herbert Taylor, qui a aimablement arrangé l'affaire pour nous.

C'est lui — et non Sir Herbert — qui montra le plus grand empressement à converser. Chlore dit qu'il a parlé d'une manière rapide et saccadée. Il était certainement volubile, et voici ce qu'il dit :

"Quoi quoi quoi? Vous voulez mon opinion sur le mariage, n'est-ce pas, Miss Oubliez votre nom ? J'en ai fait une longue expérience. Femme estimable, Charlotte, très estimable, et faisait une bonne mère, même si elle faisait preuve de partialité. Mais si j'avais eu ma propre voie – entre nous, quoi, quoi ? – j'aurais préféré Sarah. Plus vivant, plus divertissant. Holland aurait été content. Mais cela ne pouvait pas être fait. Les monarques sont désormais les serviteurs des ministres. Je n'ai jamais admis cette doctrine moi-même. Je me suis battu contre ça toute ma vie. Ah, si North avait été l'homme fort que j'étais ! Mais quant au mariage....

"Quoi quoi? Vous avez dit « Marge » – pas « mariage » – votre sœur Marge ? Tu devrais parler plus clairement. Rapprochez-vous du récepteur : l'âge fait des ravages dans l'audition. C'est une bonne femme, Marge, et tu peux lui dire que je l'ai dit. Grand esprit. Beaucoup de courage. J'ai toujours admiré le courage. Si j'étais un jeune homme et que je revenais sur terre, je pourrais faire pire, quoi, quoi ?

Et puis je suis désolé de dire qu'il a brusquement changé de sujet. Il continua:

« Qu'est-ce qu'il y a à propos des pommes de terre King Edward ? Des trucs et des bêtises ! Je savais tout sur les pommes de terre. Je les ai cultivés à Windsor. Kew aussi. J'ai écrit un article à leur sujet. Pourquoi ne peuvent-ils pas donner mon nom à une pomme de terre ? Quoi?"

Ici Chlore intervint : « Souhaitez-vous encore trois minutes, monsieur, ou avez-vous terminé ?

J'espérais qu'il dirait : « Ne nous coupez pas la route », mais, peut-être par habitude d'économie, il ne l'a pas fait. Je n'ai pas donné son nom, de peur de passer pour indiscret, mais peut-être que ceux qui ont une connaissance approfondie de l'histoire le devineront.

C'est le plus grand hommage que j'ai jamais reçu, et je pense que cela m'amène presque au niveau de mon Grand Exemple. Si seulement je pouvais sentir que, pour une fois, je pourrais croiser mes petites mains et être contente.

Mais ce n'est pas vraiment le plus grand hommage de tous. Le plus grand est ma propre estime de moi-même. Il réclame et recevra un chapitre pour lui tout seul. Essuyez-vous les pieds, enlevez votre chapeau, adoptez une expression du dimanche et entrez-y avec révérence.

Après tout, le don de nous voir comme les autres nous voient n'est pas désirable. Dans votre cas, cela vous causerait certainement la dépression la plus intense. Même dans mon propre cas, je doute que cela me procurerait la même lueur chaleureuse et omniprésente de satisfaction que celle que procure une procédure plus narcissique .

Au fait, faut-il dire « estime de soi » ou « estime de soi » ? Quelle fille idiote je suis ! J'ai complètement oublié.

Septième extrait

AUTO-ESTIMATION

Encore des ennuis. Déterminé à donner une estimation de moi-même sur la base des meilleurs modèles, je me suis tourné vers les pages de mon Grand Exemple et suis tombé sur la phrase suivante :

"Je ne propose pas de me traiter comme M. Bernard Shaw dans ce récit."

Cela signifie-t-il qu'elle ne propose pas de se traiter comme si elle était M. Bernard Shaw ? C'est possible. Cela signifie-t-il qu'elle ne propose pas de se traiter comme la traite M. Bernard Shaw ? Ce n'est pas impossible.

Ce que l'on veut dire, c'est : « Je ne propose pas de me traiter comme se traite M. Bernard Shaw. » Mais si elle avait pensé cela, elle l'aurait dit.

J'ai reculé prudemment et, quelques lignes plus loin, je suis tombé sur sa déclaration selon laquelle elle avait une conception de la beauté « non seulement dans la poésie, la musique, l'art et la nature, mais chez les êtres humains ». Sans aucun doute. Et j'ai une conception de l'écriture négligée non seulement dans son autobiographie, mais dans son dix-septième chapitre.

Je n'étais pas allé beaucoup plus loin dans ce même chapitre avant de me retrouver pris dans le fourré suivant :

«J'ai reçu de la porcelaine , des livres, des fouets, des couteaux, des boîtes d'allumettes et des horloges depuis que je suis petit enfant.»

Si ces choses lui avaient été données dès qu'elle était petite, elles auraient pu lui avoir été données le jour où elle a écrit – auquel cas il n'aurait pas été remarquable qu'elle les possédait encore. La meilleure façon de sortir de la jungle serait de remplacer « depuis » par « quand » Mais il est incroyable qu'elle ait pensé à deux manières de dire la même chose, qu'elles se croisent et qu'elle ait envoyé au « Sunday Times » le désordre résultant de la collision.

Elle doit avoir raison. M. Balfour a dit qu'elle était la meilleure épistolière qu'il connaisse. Avec une généreuse réciprocité, elle a lu les livres de M. Balfour et a réalisé sans aide extérieure « quel beau style il a écrit ».

Et pour l'amour de Dieu , ne me demandez pas comment vous écrivez un style. Vous le faites exactement de la même manière que vous faites cuire une casserole, c'est-à-dire en omettant le mot « dedans ».

Encore une citation de la dernière colonne du dernier extrait :

"Si je devais avouer et exposer une opinion de moi-même qui pourrait me différencier un peu des autres, je dirais que c'est mon pouvoir d'amour couplé à mon pouvoir de critique."

Non laisse tomber. Le pouvoir de l'amour n'est pas une opinion ; et en terminant une phrase, il est tout aussi bien de se rappeler comment vous l'avez commencée. Mais je refuse absolument que ma simple foi soit ébranlée. Elle enregistre les os qu'elle a cassés, mais John Addington Symonds lui a dit qu'elle avait conservé « *l'oreille* » . *juste* .» Son mari disait qu'elle écrivait bien et il devait le savoir. D'ailleurs, dois-je être convaincu dans mon avant-dernier chapitre que quelque chose peut clocher avec le modèle que j'ai suivi ? Certainement pas. Ce serait déchirant.

D'ailleurs, l'explication est assez simple. Lorsqu'elle a écrit ce dernier article dans « The Sunday Times », le pouvoir de la critique avait fait s'effondrer les vannes.

Je vais maintenant demander à votre aimable attention mon évaluation de moi-même, Marge Askinforit , par moi-même.

Il n'y a qu'une seule qualité que je revendique à un degré encore plus grand que mon prototype. Elle ne ressemble pas à la vraie vie – aucune femme n'a jamais été comme ce qu'une femme prétend être – mais je suis bien plus différente de la vraie vie. J'ai plus d'incohérence, plus d'auto-contradiction, plus d'anachronisme, plus d'impossibilité. En fait, j'ai parfois l'impression qu'un imbécile m'inventait au fur et à mesure.

Et le prochain article ? Oui, mon imagination.

J'ai une certaine imagination. Cela n'a rien à voir avec l'invention ou la fantaisie. Ce n'est pas du tout une faculté mentale. Ce n'est pas physique. Il ne s'agit pas non plus de paralysie, de caramel au beurre ou de trois piques redoublés. J'aimerais tant en donner une idée si j'en avais. Peut-être qu'un exemple aidera.

Je me souviens avoir dit un jour au doyen de Belial que je pensais que le nom d'un hôtel des Highlands « The Light Brigade » montrait un haut degré d'imagination.

"Un demi-instant", dit le doyen. «Je pense que je connais celui-là. Non, je ne peux pas l'obtenir. Pourquoi l'hôtel s'appelle-t-il ainsi ?

"À cause de ses charges formidables."

"Oui," dit-il avec lassitude. «Je l'ai entendu. Mais » – plus clairement – « pouvez-vous me dire pourquoi un régiment des Highlands s'appelait « The Black Watch » ?

«Je peux, Massa Johnson. Parce qu'il y a un « b » dans les deux.

"Encore faux. C'est parce qu'il y a un « e » dans chacun d'eux.

Je lui ai donné un demi-nelson à la mâchoire et je l'ai tué, et toute la compagnie a alors chanté "Way down upon de Swannee Ribber », avec accompagnement à l'harmonium, clôturant ainsi la représentation de l'après-midi. Les sièges avant étaient à moitié vides, mais c'était la saison tardive et il semblait pleuvoir, et…

Bien sûr, je peux m'arrêter si vous le souhaitez. Mais vous voyez ce que je veux dire, n'est-ce pas ? L'imagination est quelque chose qui vous emporte. Si je devais laisser le mien s'en tirer, cela réduirait en éclats cette vieille autobiographie.

Mais je ne semble pas avoir le genre d'imagination qui me permet de savoir ce qui pourrait blesser les sentiments des gens. Si j'aime les gens, je leur dis toujours quels sont leurs pires défauts et je répète dans leur dos ce que tout le monde dit d'eux. Cela devrait faire dire aux gens : « Merci, Marge, pour vos aimables paroles. Ils m'aideront à m'améliorer. Cela n'est pas encore arrivé. C'est mon miraculeux pouvoir de critique qui cause les ennuis. Chaque fois que je le laisse sans laisse, il semble mordre quelqu'un ; une muselière a été suggérée.

L'autre jour, j'ai dit à Popsie Bantam : « Tu as bien raison de te couper les cheveux, Popsie . Lorsque vous n'avez pas assez de quelque chose, essayez toujours de persuader les gens que vous en voulez moins. Mais votre maquillage rouge et noir est tout simplement hors de propos. Si vous parveniez à placer certaines couleurs aux bons endroits, les gens riraient moins. Et je n'arrive jamais vraiment à décider si ce sont vos vêtements qui ne vont pas, ou si c'est juste votre silhouette. J'aimerais que tu me le dises. Quoi qu'il en soit, tu devrais essayer de travailler chez un photographe : tu es juste la fille d'une chambre noire.

En réalité, c'est tout ce que j'ai dit : juste une critique affectueuse, langoureuse et utile, avec un peu d'estragon dedans. Pourtant, le lendemain, lorsque je l'ai rencontrée dans l' escalier , elle m'a dit qu'elle ne voulait plus me parler . Je l'ai donc hissée par-dessus la balustrade et elle est tombée de quarante pieds sur le marbre en dessous. Je suis trop impulsif, je l'ai toujours dit. Ce qui est plutôt pathétique, c'est qu'elle est décédée juste au moment où l'ambulance arrivait à l'hôpital. J'ai perdu beaucoup de bons amis de cette façon.

À l'exception de quelques meurtres infimes, je ne pense pas avoir fait quoi que ce soit dans ma vie que je regrette. Et même les meurtres – tels qu'ils ont été – étaient davantage imputables à ma situation qu'à moi-même. Si, comme je l'ai toujours souhaité, j'avais vécu seul sur une île déserte, je n'aurais jamais tué personne. Mais quand vous allez dans le grand monde (entrée du sous-sol) et que vous passez une mauvaise nuit, ou que les mouches vous gênent, vous ressentez un sentiment d'économie passionnée ; vous réalisez qu'il y a des gens dont vous pouvez vous passer, et vous vous en passez. C'est toute la vérité sur un petit manque dont mes détracteurs ont le plus profité. La calomnie et l'exagération ont été poussées à un tel point que plus d'une fois on m'a accusé d'être habituellement irritable.

Mon modèle vénéré a écrit qu'elle avait toujours été une collectionneuse « de lettres, de vieilles photographies de famille, de personnages célèbres et de bric-à-brac ». Je ne suis pas allé aussi loin que cela.

J'ai collectionné les cotes, et presque chaque automne, je parcours les landes et j'en remplis un grand panier, mais je n'ai jamais rassemblé les bouts.

Je voudrais collectionner les personnages célèbres, mais faute d'un peu d'éducation, je n'y suis pas parvenu. Je ne sais tout simplement pas s'il est préférable de les conserver dans de l'alcool de vin ou de les mettre dans des vitrines en verre, comme les canaris et les poissons auxquels on ne pourrait pas croire autrement. On m'a dit que la meilleure façon était vraiment de les conserver. il suffit de les presser entre les feuillets d'un livre très lourd, comme une autobiographie, mais j'imagine qu'ils perdent beaucoup de leur éclat naturel lorsqu'ils sont traités de cette manière.

Une autre difficulté est que les bouteilles de cyanure ordinaires que l'on achète chez le naturaliste , bien qu'excellentes pour les papillons de nuit, ne sont pas vraiment assez grandes pour contenir une célébrité en taille réelle. Au risque d'être traité de sentimentaliste, je peux dire que je ne pense pas pouvoir tuer des personnages célèbres par une méthode qui ne soit à la fois rapide et indolore. Si quelque chose de semblable à la cruauté était impliqué dans leur destruction, je préférerais ne pas les collecter du tout, mais me contenter de les étudier à l'état sauvage.

Je ne suis qu'une pauvre petite fille et je ne trouve rien à ce sujet dans aucun ouvrage de référence disponible dans la salle de lecture publique. J'ai besoin de conseils d'experts. Il y a une belle collection de personnages célèbres – et infâmes – près de la gare de Baker Street, mais on me dit que ce ne sont que des simulacres. Cela ne me conviendrait pas du tout. Je suis beaucoup trop authentique, franchement et véridique pour supporter autre chose que la vraie chose.

Il doit y avoir un moyen de le faire. J'aimerais avoir un MP en peluche dans une vitrine à chaque extrémité de la cheminée de mon petit boudoir. Il n'est pas nécessaire qu'ils soient des types les plus rares et les plus chers. Un joli député travailliste avec la bouche ouverte et un milieu rustique, et un coalitionniste légèrement en équilibre sur la clôture, me plairaient.

Ce serait tellement intéressant d'exposer ses trésors quand les gens venaient prendre le thé.

« Vous n'avez jamais vu un véritable écrivain leader ? Je devrais dire. « Ils sont nombreux localement, mais ils sortent surtout la nuit, et ils manquent à beaucoup de gens. Il ne sert à rien de mettre de la mélasse sur les arbres. Le meilleur moyen est de conduire lentement un taxi sur Fleet Street vers une heure du matin et d'avoir l'air honnête. C'est comme ça que j'ai amené le grand écrivain dans la salle. Il suffit d'appuyer sur le bouton du haut de son gilet et il prouvera que l'élection perdue était une victoire morale.

« Dans le prochain cas ? Oh, ce ne sont que quelques petits poètes géorgiens. Ils ont l'air sauvages, mais ils sont vraiment plutôt apprivoisés. Saupoudrez une avance au titre des royalties sur le rebord de la fenêtre et ils viendront la chercher. Avant, c'était joli de regarder ces deux-là se verser des articles d'adulation. Ils chantent de la prose hachée, et cela semblait presque dommage de les tuer ; mais il y en a bien d'autres.

« Et cette très jolie créature est actrice ; si vous déposez une intervieweuse dans le coin gauche de la loge, vous l'entendrez dire : « J'aime la vie à la campagne et je ne suis jamais plus heureuse que lorsque je travaille dans mon petit jardin » - insérez ici la photographie dans le bonnet de soleil … « Je ne pense pas que le grand public se rende souvent compte de l'ampleur de… »

Mais je parle de collectionner d'autres personnes. Je m'éloigne de mon sujet. Je dois me ressaisir.

Très jeune, j'ai attrapé la rougeole et un peu plus tard, j'ai été aux yeux du public. Ce dernier, je le tiens toujours. Mais je ne perds souvent rien sauf des amis, et parfois le dernier bus, et bien sûr mes situations. Mon grand modèle dit que c'est une punition positive pour elle de rester longtemps dans une position à la fois, et je dois être quelque chose comme ça : je garde rarement une place plus d'un mois. D'un autre côté, je possède encore un certain nombre de disques métalliques qui formaient les roues d'un petit train ferroviaire que j'avais lorsque j'étais enfant. J'aurais dû tous les avoir, mais j'en ai utilisé quelques-uns pour sortir les chocolats des machines automatiques.

J'aurais aimé annexer ici une liste de mes réalisations, mais je dois absolument garder de la place pour mon dernier chapitre. Donc, pour gagner de la place, je me contenterai de donner une liste des réalisations que je n'ai pas obtenues ou que je n'ai pas atteint à la perfection.

La clarinette en mi bémol n'est pas vraiment mon instrument, mais je vais vous donner trois suppositions sur ce que c'est.

Je patine magnifiquement, mais pas aussi bien que je danse. Cependant, je garde les I de mon autobiographie pour une pratique ultérieure.

Certaines personnes ont peut-être de meilleurs souvenirs. Mais ce n'est pas une raison pour qu'ils écrivent à ce sujet au « Sunday Times ».

Je ne peux pas écrire le chinois aussi couramment que l'anglais, même si je pourrais peut-être l'écrire plus correctement.

Je crois avoir mentionné tout ce dans quoi je ne suis pas parfaitement accompli. La vérité et la modestie me poussent à le faire.

Je conclurais cette évaluation de moi-même comme suit. Si je devais avouer et exposer une opinion de moi-même qui témoignerait de ce que je crois être ma différenciation par rapport aux autres, ce serait l'opinion selon laquelle je suis une loi pour moi-même et un jugement pour tous les autres.

Supplément tardif

DISPARITION TRAGIQUE DE MARGE ASKINFORIT

Je pense parfois que c'est probablement le sentiment d'une autobiographie imminente qui m'a poussé à chercher un emploi à la Lightning Laundry. Après tout, l' autobiographe ne fait qu'en public ce que fait la blanchisserie dans l'isolement décent de ses œuvres à Wandsworth ou Balham.

La principale différence semble être qu'une blanchisseuse respectable sait où fixer la limite.

Mais j'avoue que j'avais d'autres motivations en cherchant une nouvelle carrière. Ma tentative de récupérer les baronnets à l'heure du dîner avait complètement échoué ; malgré tout ce que je pouvais faire, les sales chiens persistaient à dîner à cette heure-là. D'un autre côté, les beaux et imaginatifs essais que le cher Casey écrivait, sous différents noms et avec des adresses variées, sur mon aptitude au service domestique, avaient commencé à attirer trop d'attention ; et un monde censuré stigmatisant comme faux et malhonnête ce qui était réellement poétique. Je voulais aussi une position de plus grande indépendance.

Bien sûr, j'ai dû apprendre le métier. Au début , on m'a enseigné les grands principes de la suppression des boutons. Puis je suis passé au dégrossissage. Celle-ci consiste à dégrossir les cols et poignets amidonnés à l'aide d'une lime grossière. Ensuite, j'ai été promu au département de mixage. C'est ici que les articles terminés sont emballés pour la livraison. Cela demande une grande rapidité et un bon sens de l'humour . Par exemple, vous prenez une paire de chaussettes et devez décider immédiatement si vous les envoyez toutes deux à une dame âgée célibataire ou si vous les partagez équitablement entre deux hommes. Notre savoir-faire dans la création de chaussettes et de bas bizarres a été reconnu avec reconnaissance par l'Amalgamated Hosiers' Institution, qui versait à la blanchisserie une subvention annuelle. Une bonne mémoire était essentielle pour le travail. Chaque fille devait mémoriser la taille de collier prise par chaque client masculin, afin que les colliers de quinze pouces puissent être envoyés à l'homme au cou de dix-sept pouces et vice-versa. Comme me l'a dit un jour le manager : « Nous sommes là pour enseigner aux gens la maîtrise de soi. Le reste n'est qu'accessoire. »

Je ne suis pas resté très longtemps au mixage. Mon sens des chiffres m'a rapidement valu une place au bureau. Il s'agissait en grande partie d'un travail de routine. Quatre fois par an, nous devions envoyer des avis indiquant qu'en raison de l'augmentation du coût de la main-d'œuvre et des matériaux, nous étions obligés, à contrecœur, d'augmenter nos prix de 22,5 pour cent. Nous l'avons atteint à 22 1/2 pour cent. avec l'heureuse certitude que très peu de nos clients seraient capables de calculer le montant de l'augmentation, et encore moins nombreux s'en donneraient la peine ; cela laissait un peu de place aux jeux de notre fantaisie. Comme me l'a dit un jour l'un de nos directeurs, un homme doté d'une tête fine et érudite : « Apportez une vision plus large dans l'ajout du compte d'un client. La seule limite naturelle aux frais de lavage d'un vêtement est le coût du vêtement. Gardez toujours les yeux sur l'objectif. Nos prix actuels ne sont que des jalons sur la route. Il avait une belle voix ecclésiastique. Personne n'aurait deviné qu'il était un ingénieur et l'inventeur du broyeur à boutons et de l'ourlet qui ont tant contribué à faire de nos blanchisseries ce qu'elles sont.

Dès le premier jour où j'ai commencé à travailler au bureau, j'ai pris conscience qu'Hector, le directeur, avait les yeux rivés sur moi. Il nous lisait généralement une page ou deux de Keats ou de Shelley, les filles, avant que nous commencions à établir les comptes des clients. Tout cela était conforme à la politique clairvoyante et généreuse de la blanchisserie. La lecture a pris un peu de temps, mais elle nous a rempli d'un esprit envolé. Cela faisait une précision pédante et des choses qui nous répugnent. Après avoir entendu Hector lire « l'Ode au rossignol », je n'ai pas pu me résoudre à dire que deux et deux faisaient quatre ; rien de moins que quatorze ne semblait me donner aucune satisfaction. Hector savait à quel point j'étais réactif et extrêmement sensible. Un ami m'a raconté un jour qu'il avait dit de moi que je faisais de l'arithmétique une rhapsodie. "Ceci," répondis-je doucement, "c'est important."

Ça faisait. Un samedi après-midi, j'ai pris le thé avec lui, pas sur la terrasse, car le magasin ABC de High Street était bien plus proche. Il était vraiment merveilleux. Il a parlé continuellement pendant deux heures et aurait continué plus longtemps. Mais la serveuse a souligné que le prix d'une tasse de thé et d'un scone n'incluait pas la location de vingt et un ans de la chaise sur laquelle vous vous asseyiez.

C'était, bien entendu, un homme doté de grandes connaissances scientifiques. Ses travaux sur l'utilisation d'acides pour la désintégration des tissus sont réputés dans toutes les blanchisseries européennes. Mais il n'avait pas l'habitude de crier des blasphèmes, ce que mon Grand Exemple n'a réussi à convaincre personne qu'elle avait découvert à Huxley. En bref, il ne se conformait pas à l'idée non scientifique de ce que doit être un homme scientifique. C'était un idéaliste cultivé. Je vais essayer de rappeler quelques-unes des choses merveilleuses qu'il a dites cet après-midi-là.

En réponse à l'une de mes remarques, il a répondu avec autorité et conviction : « Marge, tu *l'es vraiment* . »

Et, en effet, j'ai dû admettre que c'est très souvent le cas.

Il disait que dans ce monde les méthodes douces ont eu plus d'effets que les méthodes dures, et il ajouta cette belle pensée : « Dans l'épreuve de la lessive, ceux qui sont doux survivent souvent à ceux qui sont empesés. »

Plus tard, je l'ai amené à parler d'ambition.

« Je suis ambitieux. Autrement dit, je ne vis pas dans le présent, mais dans le futur. À une certaine époque, j'avais un vélo, mais en imagination, je conduisais une Ford d'occasion ; et maintenant je possède la Ford, et en imagination j'ai une Rolls-Royce. J'ai autrefois occupé un poste subalterne dans la blanchisserie, mais en imagination, j'étais le directeur ; et maintenant je suis le manager, et en imagination on me demande de rejoindre le conseil d'administration. Comme l'a si judicieusement dit le poète Longfellow : Excelsior. Gravés en lettres d'or sur le cœur des ambitieux, ces mots : « Et le prochain article ? En ce moment, je prends une tasse de thé avec la fille de loin la plus brillante et la plus belle que je connaisse, mais en imagination… »

Et c'est justement là que la serveuse sans tact nous a interrompus si grossièrement. C'est en vain que j'ai essayé de le ramener au sujet. Presque ses derniers mots cet après-midi furent :

« Je suppose que vous ne savez pas quelle heure il est ?

Moi non plus. C'était juste un exemple de son intuition subtile. Il m'a compris tout de suite et sans effort. De nombreux hommes en ont fait un passe-temps depuis des années et ne se sont jamais rendus à moins de trois rues de là.

L'horloge de la poste lui donna les renseignements dont il avait besoin et, levant son chapeau, il dit : « Eh bien, je dois y aller.

Toute la vie de cet homme était dans cette phrase. Il avançait toujours – et toujours avec une contrainte, comme celle du destin, se bousculant derrière.

Connaissant mon vif goût pour l'art, dont j'ai toujours été un critique juste et sans faille, il m'emmena le samedi suivant voir les tableaux. Ce n'était pas une bonne série – trop de bandes dessinées à mon goût, et j'avais déjà vu celle de Charlie Chaplin. Cependant, dans la pénombre des sièges à deux shillings, au moment où le dix-huitième épisode de « La femme vampire » atteignait son passage le plus pathétique et où la jeune fille au piano passait à juste titre à l'harmonium, Hector m'a demandé si je voulais l'épouser.

(Non, je ne le ferai pas. Je sais que je suis autobiographe et que vous avez payé pour venir, mais il y a des limites. Vous savez à quel point je suis timide et réservé. Aucune gentille fille ne vous dirait ce que l'homme a dit ou fait, à une telle occasion, ou comment elle a répondu. Il n'y aura aucun détail. Et vous devriez avoir honte de vous-même.)

Mais une seule observation d'Hector m'a particulièrement frappé : « Tu sais, Marge, il n'y a pas beaucoup de filles dans la buanderie à qui je dirais autant. »

Cette déclaration de préférence, m'admettant pour ainsi dire dans un petit cercle d'élus, signifiait beaucoup pour moi. Je ne pouvais que répondre qu'il y avait des hommes que je ne laisserais même pas m'emmener au cinéma. J'ai demandé, et on m'a accordé, un délai de réflexion.

J'étais face à face avec le plus grand problème de ma vie. Il y avait, je le sais, un grand inconvénient à mon mariage avec Hector. Un risque immense était impliqué. Une fois arrivé à la fin de ce chapitre, le lecteur saura quels étaient les risques et les inconvénients.

En même temps, tout le monde savait bien qu'Hector était destiné à un poste important. J'avais déjà, en prévision des éventualités, eu quelques discussions avec l'un des directeurs, M. Cashmere, que j'ai déjà cité. J'étais un de ses favoris . Mais il est bien entendu tout à fait courant dans les affaires qu'un administrateur discute des affaires internes du conseil d'administration avec l'un des jeunes employés de la société.

M. Cashmere a exprimé la plus haute opinion d'Hector et a déclaré qu'il n'avait aucun doute sur le fait qu'Hector deviendrait directeur , à la suite d'une situation compliquée qui s'était produite. Deux des directeurs, M. Serge et M. Angora, tout en restant dans les meilleures conditions sociales possibles avec le président, Sir Charles Cheviot, lui étaient farouchement opposés sur les questions de politique. D'un autre côté, bien que d'accord sur les questions de politique, M. Serge et M. Angora étaient amèrement jaloux l'un de l'autre, et une rupture était imminente. Dans ces circonstances, M. Cashmere, tout en assurant tout le monde de son soutien sans réserve, avait une réserve privée de jugement qui devait être finalement réglée par la saltation féline directionnelle.

Quelle que soit la tournure que prendrait la crise, il croyait certain qu'il y aurait une démission et qu'Hector obtiendrait la place vacante.

"Eh bien," dis-je, "c'est un peu comme le gouvernement de l'Empire britannique."

"Faire taire!" » dit-il avec avertissement. «C'est exactement comme ça, mais dans l'intérêt des actionnaires, nous ne souhaitons pas que cela soit largement connu. Cela détruirait la confiance.

J'étais moi-même persuadé que si Hector devenait administrateur , il serait très prochainement président du conseil d'administration. C'était un homme qui prenait naturellement tout ce qu'il y avait.

Il était en mon pouvoir d'épouser un homme qui deviendrait président d'une entreprise de blanchisserie comptant dix-sept succursales différentes. C'était une excellente position. Avais-je le droit de le refuser ? Si je ne le prenais pas, j'étais sûr que quelqu'un d'autre le ferait. Est-ce que quelqu'un d'autre était aussi bon que moi ? La vérité m'a obligé à répondre par la négative. La voix de la conscience disait : « Prenez une bonne chose quand vous la voyez. Les gens ont perdu des fortunes en ouvrant trop grand la bouche.

D'un autre côté , deux considérations étaient importantes. Je pourrais éventuellement recevoir une meilleure offre. Si j'avais été sûr qu'Hector l'aurait bien pris, je lui aurais demandé une option de trois mois pour voir si quelque chose de mieux se passait, mais je savais qu'avec sa nature sensible, il pourrait être offensé.

La deuxième considération était le risque terrible dont j'ai déjà parlé. Soyez patient. Vous saurez tout le moment venu.

J'ai dû me décider dans un sens ou dans l'autre et, comme tout le monde le sait désormais, j'ai opté pour Hector. Et aussitôt la tempête éclata.

Tous les vieux chats que je connaissais – et j'en connaissais – ont commencé à me donner des conseils. Maintenant, personne ne prend mieux les conseils que moi, quand je suis conscient que j'en ai besoin et que je suis sûr que les conseils sont bons. J'en suis aussi sûr que si une telle occasion s'était réellement produite. Lors d'un concours international de nature douce, je me soutenais à chaque fois pour de l'argent.

On m'a dit que, dans la position digne qui devait être la mienne, je devais renoncer à plaisanter et à utiliser de mauvaises paroles lorsque j'étais irrité. Il me semblait que si je devais renoncer à tous mes acquis, je ferais tout aussi bien de ne jamais épouser Hector. J'évite une certaine liberté d'expression dont mon grand prédécesseur use en une occasion similaire.

Le cher vieux M. Cashmere me trouva presque de mauvaise humeur à ce sujet et écouta gravement ma plainte. Posant une main sur mon épaule, il dit :

« Marge, j'ai vécu longtemps et, au cours de ma vie, j'ai reçu de nombreux conseils. Ma règle invariable a toujours été de remercier, en exprimant ma gratitude avec une certaine chaleur et toutes les apparences de sincérité. C'est tout ce dont le conseiller a besoin. Cela lui donne entière satisfaction. Cela ne coûte rien. Après, je procède exactement comme si aucun conseil n'avait été donné.

Ce monstre, Millie Wyandotte, m'a envoyé un porte-toast plaqué et une lettre dont j'extrait ce qui suit :

« Si vous étiez à moitié aussi extraordinaire que vous le pensez, ce serait un mariage misérable. Quiconque l'épousait se perdrait, désorienté et ennuyé, et l'hymne pour ceux qui sont en mer devrait être chanté lors de la cérémonie de mariage. Mais courage, vieille fille. Les gens vraiment extraordinaires ne pensent jamais que cela vaut la peine de prouver qu'ils sont extraordinaires, et la plupart d'entre eux n'apprécieraient pas qu'on le leur dise. Tu le feras. Des psychologies comme la vôtre peuvent être obtenues auprès de n'importe quel revendeur respectable pour un shilling la douzaine, boîte comprise. Ils se portent très bien et donnent satisfaction. Voilà, c'est de la chance.

MJA Banting m'a envoyé une pendule de voyage qui appartenait autrefois à Lord Baringstoke , ainsi qu'une lettre d'une piété si fervente et d'une tendre affection qu'elle est trop sacrée pour que je puisse la citer.

Cinquante-huit prétendants déboutés se sont réunis pour m'envoyer un sac à main sans grande valeur intrinsèque. Je ne peux m'empêcher de penser que le principe de syndication convient mieux aux affaires qu'à la générosité.

Mais je ne fatiguerai pas le lecteur avec une liste des cadeaux nombreux et coûteux que j'ai reçus. Qu'il suffise de dire qu'un de mes frères, un excellent juge, m'a offert cinq dollars pour le lot, et m'a dit qu'il s'attendait à y perdre de l'argent.

Immédiatement après la cérémonie du mariage, le coup tomba. J'avais prévu dès le début le danger d'un désastre, et ce désastre est arrivé. J'ai du mal à me résoudre à en parler.

J'ai parlé de mon mari sous le nom d'Hector, mais son nom de famille était Harris – sa mère était une Tweed. Par conséquent, j'étais devenue Mme Harris.

La tendance d'une Mme Harris à devenir mythique a été remarquée pour la première fois par un écrivain anglais d'une certaine renommée au XIXe siècle. J'oublie son nom précis, mais je crois que c'était Thackeray.

C'est dans la sacristie que j'ai cru entendre la voix d'une femme âgée et perplexe qui me disait qu'une telle personne n'existait pas . Je n'ai pas cessé d'exister, mais j'ai pris conscience que je n'avais jamais existé et que je n'aurais jamais pu exister. J'étais simplement mythique. En murmurant doucement « Le Snark était un Boojum », je me suis évanoui.

Le dernier son que j'entendis fut la voix d'Hector qui m'appelait :

« Bonjour, salut ! Es-tu là? Harris parle… Bonjour, bonjour… Êtes-vous là
?

Et comme cela arrive souvent, il n'y a pas eu de réponse.

NOTE DE BAS DE PAGE

[UN] *Editeur* : Mais vous ne donnez pas les vers.

Auteur : Je sais. C'est une petite idée que j'ai tirée d'un excellent journal du
dimanche.